만화로 배우는
마인크래프트
지구대백과

만화로 배우는
마인크래프트 지구 대백과

1판 1쇄 발행 2025년 3월 17일 1판 4쇄 발행 2025년 12월 24일

지은이 마인크래프트 장인 조합 **감수자** 사마키 다케오 **옮긴이** 김나정
발행인 오영진 김진갑 **발행처** 제제의숲 **책임편집** 홍혜미 **편집팀장** 이희자
디자인 안경희 **마케팅** 박시현 박준서 김승겸 박가영 한영은

출판등록 2013년 1월 25일 제2013-000028호
주소 서울시 마포구 월드컵북로5가길 12 서교빌딩 2층
원고 투고 및 독자 문의 midnightinzeze@naver.com
전화 02-332-7706 **팩스** 02-332-7341
블로그 blog.naver.com/midnightbookstore **페이스북** www.facebook.com/tornadobook

ISBN 979-11-5873-324-7 (73400)

제제의숲은 (주)심야책방의 자회사입니다.
이 책은 저작권법에 따라 보호를 받는 저작물이므로 무단전재와 무단복제를 금하며,
이 책 내용의 전부 또는 일부를 사용하려면 반드시 저작권자와 제제의숲의 서면 동의를 받아야 합니다.

잘못되거나 파손된 책은 구입하신 서점에서 교환해 드립니다.
맞춤법과 띄어쓰기는 국립국어원의 기준에 따랐습니다.
책 모서리가 날카로워 다칠 수 있으니 사람을 향해 던지거나 떨어뜨리지 마십시오.
종이에 베이지 않게 주의하세요. 책값은 뒤표지에 있습니다.

マンガ マインクラフトで楽しく学べる! 地球のひみつ
MANGA MINECRAFT DE TANOSHIKU MANABERU! CHIKYU NO HIMITSU
by MINECRAFT SHOKUNIN KUMIAI
Copyright © 2024 by Takarajimasha, Inc., Tokyo
Original Japanese edition published by Takarajimasha, Inc., Tokyo
Korean translation rights arranged with Takarajimasha, Inc., Tokyo
through Shinwon Agency Co., Seoul
Korean translation rights © 2025 by Midnight Bookstore

이 책의 한국어판 저작권은 신원 에이전시를 통한 저작권사와의 독점 계약으로 (주)심야책방에 있습니다.
저작권법에 의해 한국 내에서 보호를 받는 저작물이므로 무단 전재와 무단 복제를 금합니다.

*일러두기
26쪽 주상 절리, 27쪽 우리나라 대표 화산, 48쪽 구리로 만든 상원사 종, 66쪽 수레바퀴와 비슷해!, 81쪽 진달래, 108쪽 영양 자작나무 숲, 117쪽 벼슬을 받은 소나무가 있다?, 137쪽 측염소, 138쪽 멧토끼, 171쪽 조선 시대 환도는 한국어판에서 교체된 부분입니다. 사진과 내용에 대한 모든 책임은 한국 측에 있습니다.

UNOFFICIAL BOOK
만화로 배우는 마인크래프트 지구대백과

마인크래프트 장인 조합 **지음** · 사마키 다케오 **감수** · 김나정 **옮김**

제제의숲

차례

제1장
지구의 구조

- 만화 땅굴 파기 ········ 8
- 지구와 마인크래프트 ········ 9
- 삼림 ········ 11
- 만화 해저 유적 ········ 12
- 바다 ········ 13
- 강 ········ 14
- 동굴 ········ 15
- 만화 마녀 ········ 16
- 습지 ········ 17
- 만화 사막 여행 ① ········ 18
- 사막 ········ 19
- 사바나 ········ 20
- 만화 백야 ········ 22
- 빙산 ········ 23
- 만화 뜨거운 것 ········ 24
- 산 ········ 25
- 화산과 용암 ········ 27
- 만화 날씨의 변화 ········ 28
- 날씨 ········ 29
- 구름 ········ 30

제2장
돌과 광석

- 만화 색깔이 달라 ········ 32
- 암석 ········ 33
- 화강암 ········ 34
- 섬록암 ········ 35
- 안산암 ········ 36
- 자갈 ········ 37
- 만화 사막 여행 ② ········ 38
- 사암 ········ 39
- 만화 마그마 근처 ········ 40
- 흑요석 ········ 41
- 현무암 ········ 42
- 만화 철 주괴 ········ 44
- 철 ········ 45
- 석탄 ········ 47
- 구리 ········ 48
- 만화 소중한 것 ········ 50
- 금 ········ 51
- 만화 사라진 다이아몬드 ········ 52
- 다이아몬드 ········ 53
- 에메랄드 ········ 55
- 자수정 ········ 56
- 석영 ········ 57
- 만화 재능 발견 ········ 58
- 청금석 ········ 59
- 🟢 마인크래프트 완벽 가이드
  위험천만한 네더에서 살아남기 ········ 60

제3장
꽃과 풀

- 만화 바람을 타고 ········ 62
- 민들레 ········ 63
- 파꽃 ········ 64
- 데이지 ········ 65
- 수레국화 ········ 66
- 튤립 ········ 67
- 만화 빨간 꽃 ········ 68
- 양귀비 ········ 69
- 선애기별꽃 ········ 70
- 모란 ········ 71
- 만화 이쪽을 봐 줘 ········ 72
- 해바라기 ········ 73
- 만화 랄라라 ········ 74
- 난초 ········ 75
- 은방울꽃 ········ 76
- 라일락 ········ 77
- 만화 검은 장미 ········ 78
- 장미 ········ 79
- 만화 진달래? ········ 80
- 진달래 ········ 81
- 포자 꽃 ········ 82
- 이끼 ········ 83
- 🟢 마인크래프트 완벽 가이드
  꽃을 보려면 꽃 숲으로! ········ 84

제4장
채소와 과일

만화	밀의 역할	86
밀		87
만화	무시무시한 호박	88
호박		89
수박		91
만화	초록 감자	92
감자		93
당근		95
비트		97
만화	이게 정말 버섯?	98
버섯		99
만화	간식이 좋아	100
사탕수수		101
사과		103
코코아		104

제5장
나무와 목재

만화	나무 모으기	106
참나무		107
자작나무		108
만화	멋진 나무	110
짙은 참나무		111
아카시아나무		112
만화	처음 봐	114
정글 나무		115
가문비나무		116
만화	대나무를 써 봐	118
대나무		119
네더의 나무		120

제6장
땅에 사는 동물

만화	우유	122
소		123
양		125
만화	돼지를 조심해	126
돼지		127
말		128
만화	야옹	130
고양이		131
늑대		133
만화	판다가 좋아하는 것	134
판다		135
북극곰		136
염소		137
토끼		138
여우		139
만화	암탉은 강해	140
닭		141
앵무새		142
박쥐		143
벌		144

제7장
물에 사는 동물

만화	머리가 좋아	146
돌고래		147
열대어		148
만화	낚시를 하자	150
연어		151
대구		152
복어		153
만화	신비한 빛	154
오징어		155
아홀로틀		156
개구리		157
만화	생명 보호	158
거북		159

제8장
편리한 도구

만화 곡괭이의 비밀	162
곡괭이	163
괭이	164
삽	165
만화 도끼 사용법	166
도끼	167
가위	168
양동이	169
부싯돌과 부시	170
검	171
만화 멀리서도 맞힐 수 있어!	172
활	173
쇠뇌	174
갑옷	175
만화 만능 제작대	176
제작대	177
화로	178
베틀	179
만화 달궈서 두드리자	180
모루	181
지도 제작대	182
주크박스	183
만화 위험한 회로	184
레드스톤	185
레드스톤 중계기	186
레드스톤 비교기	187
만화 취급 주의?	188
햇빛 감지기	189
관측기	190
스컬크 감지체	191

주요 등장인물

스티브
이 책의 주인공. 호기심이 왕성한 모험가로 새로운 것을 좋아한다.

알렉스
또 다른 주인공. 두뇌가 명석하고 판단이 빠르며 달콤한 것을 좋아한다.

주민
마을에 살며, 소문을 좋아한다.

철 골렘
마을을 지키는 든든한 아군. 철로 만들어졌다.

눈 골렘
눈사람의 생김새를 한 든든한 아군.

크리퍼
다가가면 폭발하는 위험한 존재.

좀비
어두운 곳에 나타나 주민과 플레이어를 공격한다.

마녀
약을 연구하며 독을 던지는 까다로운 적.

스켈레톤
달그락거리는 소리를 내며 활쏘기가 특기인 적.

피글린
네더에 사는 적. 금을 좋아하며 돼지의 얼굴을 하고 있다.

약탈자
쇠뇌를 사용하여 마을을 습격한다.

이 책을 읽는 독자 여러분께

이 책은 마인크래프트의 공식 도서가 아닙니다. 모장 스튜디오와 마이크로소프트사는 이 책의 내용에 전혀 책임이 없음을 알려 드립니다. 더불어 도서의 발행을 가능하게 해 주신 모장 스튜디오 및 마이크로소프트사에 진심으로 감사드립니다.

이 책은 집필 시점의 마인크래프트 정보를 기준으로 작성된 도서로, 이후 내용이 변경될 수 있습니다. 따라서 이 책에 실린 게임 화면은 집필 시점 버전을 이용하여 현재 출시된 버전의 게임 화면과는 다를 수 있음을 알려 드립니다.

이 책에 기재된 회사명, 상품명, 소프트웨어명은 관계 회사의 상표 또는 등록 상표이므로 본문에서는 표기를 생략하였습니다.

제1장
지구의 구조

마인크래프트 세계와 마찬가지로 지구에는 다양한 지형과 기후가 존재해. 지구의 모양과 햇빛 등의 조건에 따라 기후가 생겨나고, 그 기후의 영향을 받아 기나긴 시간에 걸쳐 여러 지형이 만들어지지.

우리가 사는 지구를 한번 들여다볼까?

지구의 구조
땅굴 파기

지구와 마인크래프트

마인크래프트 게임 속 세계는 우리가 사는 지구를 바탕으로 만들어서 비슷한 점이 많아.

지구의 겉면을 '지표'라고 해. 높은 산과 넓은 들, 푸른 강과 호수, 바다가 있어. 마인크래프트에서는 플레이어와 동물, 몹 등이 사는 곳이지.

제1장 지구의 구조

지식+ 지구 속이 궁금해!

눈에 보이지 않는 지구 속을 어떻게 알 수 있을까? 과학자들은 지진이 일어났을 때 발생하는 파동을 관측해서 지구의 내부 구조를 알아냈어. 지구의 내부는 크게 지각, 맨틀, 외핵, 내핵으로 이루어져 있어. 또한 지구의 지름은 약 12,742킬로미터로, 태양계에서 다섯 번째로 큰 행성이야.

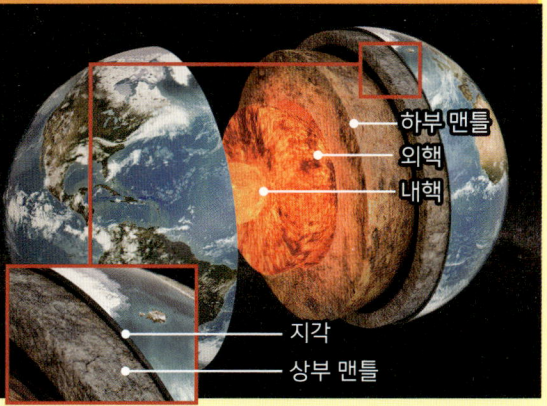

맨틀

지각과 핵 사이에 있는 맨틀은 지구 부피의 약 80퍼센트를 차지해. 마그네슘과 철이 많은 암석으로 이루어져 있지. 맨틀은 고체이지만 온도가 섭씨 1,500도에서 3,500도로 무척 높아서, 매우 오랜 시간 동안 천천히 움직여. 용암 바다, 용암 강이 흐르는 마인크래프트의 네더가 맨틀과 비슷한 모습이야.

지식+ 엔드로 가자!

마인크래프트에는 차원문을 통해 갈 수 있는 '엔드'라는 세계가 있어. 이곳은 게임 속 가상의 세계로 현실 세계에는 존재하지 않지. 무시무시한 엔더 드래곤도 엔드에서 만날 수 있어.

지구의 껍데기, 지각

지구 가장 바깥쪽에 있는 지각은 단단한 암석으로 이루어져 있어. 마인크래프트의 바닥에도 어떤 도구로도 파괴할 수 없는 기반암 블록이 깔려 있어.

삼림

삼림은 나무가 많이 우거진 숲을 말해. 많은 생물이 살고 있는 서식지이자, 대기 중의 이산화탄소를 흡수하고 산소를 방출하는 중요한 역할을 하지.

열대 우림

일 년 내내 기온이 높고 비가 많이 내리는 적도 부근의 열대 지방에서 발달하는 삼림이야. 그중 아마존 강 유역의 열대 우림이 대표적이지. 열대 우림에는 지구 생물종의 절반 이상이 서식할 만큼 다양한 동식물이 있어. 마인크래프트 속 정글도 열대 우림을 본떠 만든 거래.

동식물의 보금자리

다양한 동물과 식물이 서식하고 있어.

소중한 녹색 댐

숲은 빗물을 머금었다가 서서히 흘려보내는 인공 댐과 같은 기능을 해서 '녹색 댐'이라고도 불러. 홍수와 가뭄을 막고 수질을 깨끗하게 해 주지.

지식+ 자작나무 숲

자작나무는 흰 바탕에 검은 무늬가 있는 아름다운 나무껍질로 유명해. 잘 썩지 않고 벌레가 먹지 않아서 조각재로 많이 쓰여. 해인사의 팔만대장경도 자작나무로 만들어졌다고 해. 마인크래프트에도 자작나무 숲 생물 군계가 있어서 자작나무를 볼 수 있어.

제1장 지구의 구조

지구의 구조
해저 유적

바다

바다는 지구 표면의 약 70퍼센트를 차지하고 있어. 그 넓이가 약 3억 6,200만 제곱킬로미터로, 약 30만 종의 다양한 생물이 서식하고 있지. 마인크래프트에도 깊은 바다, 차가운 바다, 따뜻한 바다 등 여러 생물 군계가 있어.

태평양

기본 데이터
- 면적: 약 1억 6,500만 km²
- 평균 수심: 4,282m
- 물의 총량: 약 7억 1,000만 km³

태평양은 동쪽은 남북아메리카 대륙, 서쪽은 오스트레일리아 대륙, 남쪽은 남극 대륙, 북쪽은 북극권으로 둘러싸인 바다야. 세계 바다 면적의 반이나 차지할 만큼 크기가 엄청나게 크지.

오대양

대양은 세계의 바다 중 특히 크기가 큰 바다를 말해. 오대양은 태평양, 대서양, 인도양, 북극해, 남극해를 이르지.

보트는 마인크래프트의 유일한 수상 교통수단이야. 보트를 타고 드넓은 바다 한가운데로 나가 봐! 탐험을 하는 기분이 들 거야.

지식⁺ 바다와 맞닿은 해안

바다와 땅이 맞닿아 있는 곳을 '해안'이라고 해. 빙하나 하천, 파도 때문에 땅이 깎이거나 바닷속으로 가라앉으면서 해안의 모양이 만들어져.

리아스식 해안

들쭉날쭉 굴곡이 심한 모양의 해안선이 특징이야.

제 1 장 지구의 구조

강

넓고 길게 흐르는 큰 물줄기를 말해. 바다와는 달리 소금 성분이 없지. 우리나라에는 크고 작은 강이 많이 흐르는데, 대표적으로 한강이 있어.

강의 상류와 하류

강의 상류는 물길의 폭이 좁고 경사가 가팔라서 물이 빠르게 흘러. 하류로 갈수록 폭이 넓어지고 물이 천천히 흐르지.

마인크래프트에서도 강을 흔하게 볼 수 있어. 눈 덮인 생물 군계에서는 얼어붙은 강을 볼 수 있지. 현실과는 달리 강에서도 오징어를 볼 수 있어.

지식+ 강이 만든 부채꼴 모양 지형, 선상지

계곡에서 흐르던 물이 경사가 완만한 평지로 흘러나오면 강줄기의 힘이 약해지면서 운반하던 자갈이나 모래가 쌓여. 이때 부채꼴 모양의 땅이 만들어지는데, 이 땅을 '선상지'라고 해. 우리나라는 경상남도 사천과 전라남도 구례 등에 분포해 있어.

동굴

자연적으로 형성된 바위굴을 말해. 마인크래프트에서 동굴은 여러 광석을 쉽게 얻을 수 있지만, 햇빛이 들지 않아 적대적인 몹이 자주 나오는 위험한 장소야.

종유동

석회암이 지하수에 의해 녹아 만들어진 동굴이야. 마인크래프트에서도 볼 수 있지. 동굴 천장에 매달린 고드름 같은 것은 '종유석'이라고 하고, 바닥에 뾰족하게 솟아오른 것은 '석순'이라고 해. 종유석과 석순이 자라다가 서로 맞닿아 만들어진 기둥은 '석주'야.

마인크래프트 동굴 속 호수

실제로도 동굴에 호수가 있는 경우가 많은데, 마인크래프트 동굴에서도 호수를 볼 수 있어. 몸에서 반짝반짝 빛을 내는 발광 오징어가 헤엄쳐 다니기도 하지.

카르스트 지형

석회암의 주성분인 탄산 칼슘이 빗물이나 지하수와 만나 서서히 녹아내리면서 생기는 지형을 말해. 종유동도 카르스트 지형 중 하나지.

제 1 장 지구의 구조

지구의 구조
마녀

습지

습지는 바다처럼 물에 완전히 잠겨 있진 않지만, 일정 기간 이상 물에 잠겨 있거나 젖어 있는 땅이야. 하천, 늪, 강의 하구, 호수, 저수지 등이 습지야. 많은 종류의 생명체가 살고 있어.

판타나우 습지

남미의 파라과이 강 유역에 위치한 세계에서 가장 넓은 습지야. 면적이 무려 우리나라와 비슷하대. 이곳에 살고 있는 야생 동식물만 약 15만 종이 넘어서 아마존 열대우림 못지않은 생태계의 보고라 할 수 있어. 그 가치를 인정받아 유네스코 세계 자연 유산에도 등재되었지.

마녀 오두막을 조심해!

마인크래프트 세계의 늪은 훨씬 위험해. 마녀 오두막이 있거든. 뾰족한 모자를 쓰고 코에 사마귀가 나 있는 마녀가 투척용 물약을 던져 플레이어를 공격하지.

지식+ 세계 습지의 날

습지는 많은 생명체에게 서식처를 제공하고, 오염원을 정화하고 홍수와 가뭄을 조절하는 등 아주 중요한 역할을 해. 그래서 습지를 보전하고 그 가치와 중요성을 인식시키기 위해 매년 2월 2일을 '세계 습지의 날'로 지정했어.

히아신스금강앵무

판타나우 습지에 서식하는 히아신스앵무는 마인크래프트의 정글에서도 볼 수 있어. 잘 찾아봐!

제1장 지구의 구조

사막

일 년 내내 비가 거의 내리지 않아 식물이 자라기 어려운 지형을 말해. 사막이 생기는 원인은 기압, 바람의 방향, 바다와의 거리 등 여러 가지가 있어.

사막에 사는 생물

사막은 물이 부족하고 일교차도 심해서 생물이 살기 힘들지만, 환경에 적응한 생물이 있어. 바로 선인장과 낙타야. 마인크래프트의 사막에서도 볼 수 있지.

이집트에 가면 벽돌을 사각뿔 모양으로 쌓아 만든 피라미드를 볼 수 있어. 고대 이집트 왕의 무덤이지. 마인크래프트의 사막에도 비슷한 모양의 사원이 있어. 여기에도 미라가 있을까?

사막이 만들어지는 과정

사막 지대의 태양열에 데워진 뜨거운 공기가 위로 올라가 구름을 만들어. 구름은 강우 지대로 이동해 비를 내려. 비를 내린 뒤 건조해진 공기는 다시 사막 지대로 돌아오지. 이렇게 건조한 공기가 계속 순환하면서 사막이 만들어지는 거야.

지식+ 사막의 모래를 조심해!

사막의 큰 일교차와 거센 바람이 바위를 잘게 부수어 모래가 돼. 강한 바람에 의해 모래가 공중으로 날아오르는 모래폭풍이 불면 숨쉬기가 어려우니 천으로 입과 코를 가려야 해. 마인크래프트에서 모래 블록은 중력이 작용하는 블록 중 하나야. 모래가 플레이어 위로 떨어지면 숨이 막혀 죽을 수도 있으니 조심해야 해!

제1장 지구의 구조

사바나

사바나는 에스파냐어로 '나무가 없는 평야'라는 뜻이야. 항상 덥고 건기와 우기가 뚜렷한 것이 특징이지.

마인크래프트에서 사바나는 아카시아 나무가 자연적으로 생성되는 유일한 생물 군계야.

브라질고원

기본 데이터
- 최고 해발 고도: 2,891m
- 전체 길이: 약 3,500km
- 면적: 약 500km²

브라질 동남부에 위치한 남미 최대의 고원으로, 사바나 기후를 대표하는 곳이야. 테라로사라고 불리는 붉은빛을 띠는 비옥한 토양이 있어서 커피가 잘 자라지.

열대 우림

일 년 내내 기온이 높고 비가 많이 내리는 지역이야. 사바나는 열대 우림과 달리 우기와 건기가 뚜렷하게 구분돼.

아프리카 사바나 초원

아프리카의 드넓은 사바나 초원에는 동물의 왕 사자를 비롯해서 코끼리, 기린, 얼룩말 등 여러 동물이 살고 있어.

지식+ 다양한 광물 보물 창고

브라질고원은 금, 다이아몬드, 철, 우라늄 등 다양한 광물 자원이 묻혀 있는 보물 창고야. 마인크래프트의 지하에서도 금이나 다이아몬드를 채굴할 수 있어. 철이나 다이아몬드로 만든 곡괭이로만 캘 수 있지.

지구의 구조
백야

빙산

빙하에서 떨어져 나와 호수나 바다에 떠다니는 커다란 얼음 덩어리를 말해. 주로 남극이나 북극, 그린란드 지역에서만 볼 수 있어.

마인크래프트에서 빙산은 얼어붙은 바다와 깊고 얼어붙은 바다에서 생성돼. 꽁꽁 언 얼음에 약간의 푸른얼음이 붙어 있고 위쪽에는 눈 블록이 쌓여 있지.

남극의 빙산

기본 데이터
- 면적: 약 1,400만km²
- 평균 고도: 약 2,000m
- 평균 기온: 약 -50℃

남극은 지구의 가장 남쪽에 있는 대륙으로, 대부분이 얼음으로 덮여 있어. 면적이 한반도의 약 60배로, 세계에서 다섯 번째로 커. 남극과 북극은 빙산의 모양이 다르다는 거 알아? 남극의 빙산은 대체로 평탄한 모양이고, 북극은 윗부분이 뾰족해.

백야와 극야

백야는 여름철에 밤이 되어도 어두워지지 않는 현상이야. 반대로 극야는 겨울철 낮 동안에도 해가 뜨지 않아 어두운 현상을 말해.

지식+ 이글루 안은 정말 따뜻할까?

북극 지방에 사는 이누이트족이 얼음을 둥글게 쌓아 만든 집을 '이글루'라고 해. 얼음으로 만들어서 안에 있어도 추울 것 같지만 사실 따뜻해. 얼음이 열이 빠져나가지 못하게 막아 주거든. 마인크래프트에서는 눈 덮인 생물 군계에서 이글루를 볼 수 있는데, 안에 지하실이 숨겨져 있기도 해.

제1장 지구의 구조

산

주위보다 높이 솟아 있는 지형을 말해. 우리나라는 국토의 70퍼센트가 산으로 이루어져 있어. 마인크래프트 세계의 산은 목초지, 산림, 돌 봉우리 등 여섯 개의 변종이 있지.

산악 지대

산들이 높고 가파르게 솟아 있는 지대를 가리켜. 산악 지대는 날씨를 예측하기가 어려워.

히말라야산맥

인도 대륙 북쪽에서 중앙아시아 고원 남쪽까지 동서로 길게 연결하는 산맥이야. 해발 8,848미터의 세계에서 가장 높은 산인 에베레스트산을 비롯하여 높은 산이 많이 있어.

기본 데이터

- 최고 해발 고도: 8,848m
- 폭: 약 250~400km
- 최고봉: 에베레스트산

절벽

절벽은 바위를 깎아 세운 것처럼 아주 높이 뾰족하게 솟아 있는 낭떠러지를 말해. 마인크래프트에서 모험할 때 절벽에서 발을 헛디디지 않도록 조심해!

제1장 지구의 구조

주상 절리

용암이 급격하게 식으면서 기둥 모양으로 굳은 것을 말해. 기둥의 단면은 육각형, 오각형 등으로 다양하지. 높이가 약 30~40미터에 이르는 제주도 중문·대포 해안 주상 절리는 우리나라 최대 규모를 자랑하지.

지식+ 산은 어떻게 만들어질까?

산이 생성되는 과정은 크게 두 가지야. 지반이 양쪽에서 안으로 밀어내듯 움직이면서 지표가 솟아나 산이 만들어져. 또 화산이 내뿜은 용암이 쌓여서 산이 되기도 하지. 산이 생기기까지 무척 오랜 기간이 걸려.

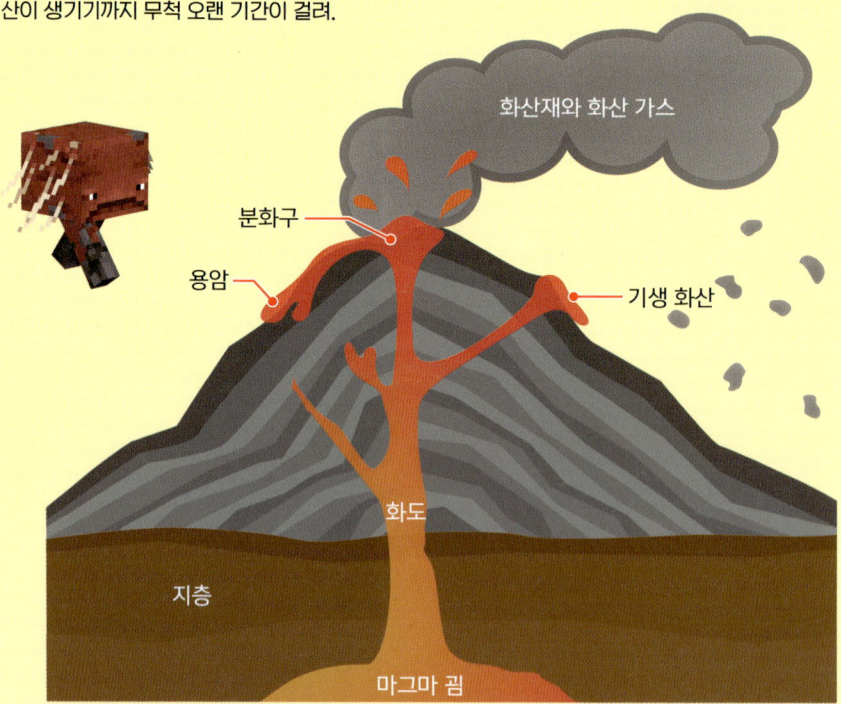

화산과 용암

화산은 땅속 깊은 곳에 있던 마그마가 바깥으로 분출되면서 생긴 지형이야. 마그마가 땅 위로 분출되어 흐르거나 혹은 그것이 굳어진 암석을 '용암'이라고 하지.

활화산

지금도 화산 활동을 하고 있는 화산이야. 화산 활동이 일어나면 용암으로 산불이 발생하거나, 화산재가 대기를 오염시키고, 햇빛을 가려 기온을 낮추는 등 피해가 발생해.

우리나라 대표 화산

백두산과 한라산은 화산 활동으로 만들어진 우리나라 대표 화산이야. 언제든지 분화할 가능성이 있는 활화산이지.

백두산

잦은 지진 발생과 백두산 천지 주변의 온천수 온도가 83도까지 올라간 것으로 보아 백두산이 가까운 시일 내에 분화할 수도 있다고 추측해.

한라산

한라산은 옛날에는 분화하였지만, 지금은 분화를 멈춘 휴화산으로 여겼어. 하지만 최근 활화산으로 다시 분류되었지.

지식+ 용암에서 살아남으려면?

용암은 화산에서 분출된 직후, 온도가 섭씨 800도에서 1,200도에 달해. 그나마 다행인 건 용암은 분출되면 느리게 흐르고 금세 식어서 굳는다는 거지. 마인크래프트에서는 화염으로부터 보호 마법을 부여한 갑옷을 입거나 화염 저항의 물약을 마시면 용암에서 입는 대미지를 줄일 수 있어.

제1장 지구의 구조

지구의 구조
날씨의 변화

날씨

그날그날의 비, 구름, 바람 등이 나타내는 기상 상태를 말해. 마인크래프트 세계도 맑거나 비가 오기도 하고, 천둥이 치거나 눈이 내리는 등 날씨가 변하지.

구름이나 안개가 끼지 않고 햇빛이 밝은 날씨야. 마인크래프트 세계에서는 햇빛이 밝기 7 이상이 되면 적대적인 몹이 나오지 않아.

대기 중에 있던 수증기가 뭉쳐서 물방울이 되어 떨어지는 걸 말해. 마인크래프트에서는 오버월드 말고 다른 차원에서는 비가 내리지 않아.

눈

마인크래프트의 추운 지역에서는 비 대신 눈이 내려. 그런데 실제로는 추운 지역이라고 해서 반드시 눈만 내리는 것은 아니야.

뇌우

천둥과 번개를 동반한 비야. 마인크래프트에서 크리퍼가 벼락을 맞으면 충전된 크리퍼가 되는데, 폭발력이 더 강력하지.

지식⁺ 내일 날씨를 어떻게 알 수 있을까?

날씨 예보는 먼저 기상 레이더나 기상 관측선, 우주로 쏘아 올린 기상 위성으로 현재의 기상을 관측해. 이 데이터를 토대로 과거의 기상 정보를 분석해서 날씨를 예측하는 거야. 날씨는 워낙 변화무쌍해서 정확하게 맞히기가 어려워.

제1장 지구의 구조

 구름

작은 물방울과 얼음 알갱이가 무리 지어 대기 중에 떠 있는 걸 말해. 그런데 구름은 어떻게 하늘에 둥둥 떠 있을까? 구름을 이루는 알갱이의 크기가 매우 작고 가볍기 때문이야.

기압 변화와 날씨

기압은 공기의 무게에 의해 생기는 압력이야. 주변보다 공기의 양이 적어 기압이 낮은 곳을 '저기압', 주변보다 공기의 양이 많아 기압이 높은 곳을 '고기압'이라고 해. 저기압은 구름이 만들어져 날씨가 흐리거나 비가 내리고, 고기압은 공기의 온도가 높아지면서 날씨가 맑아.

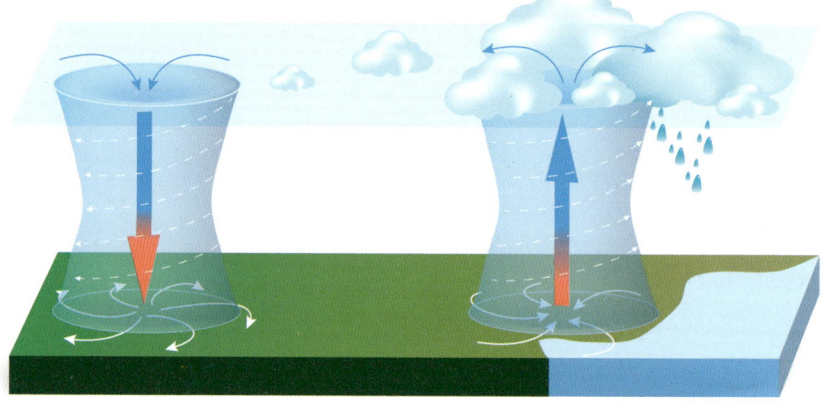

고기압　　　저기압

지식+ 구름은 어떻게 만들어질까?

바다와 땅의 물이 증발하여 수증기가 되어 하늘로 올라가. 이 수증기가 상공에서 빠르게 식으며 물방울과 얼음 덩어리가 되고 이것들이 모여서 구름이 되지.

푄 현상

습하고 차가운 바람이 산을 타고 넘어가는 과정에서 구름을 만들어 비를 뿌린 뒤 반대쪽으로 내려갈 때는 건조하고 따뜻한 바람이 되는 현상이야. 산맥을 경계로 기압 차가 있을 때 일어나는데, 우리나라에서는 태백산맥에서 많이 볼 수 있어.

제2장
돌과 광석

'돌'은 광물과 암석을 통틀어 부르는 말이야. 광물은 천연으로 땅속에 있는 무기물이고, 암석은 여러 광물이 모여 이루어진 거야. 광물 중에서 금, 은, 납, 구리 등 유용한 자원이 되는 물질을 포함하고 있는 돌을 '광석'이라고 해.

이렇게 다양한 광석이 땅속에 묻혀 있다니!

돌과 광석
색깔이 달라

암석

지각을 구성하고 있는 단단한 물질이야. 암석이 만들어진 원인에 따라 크게 화성암, 퇴적암, 변성암으로 분류할 수 있어.

암석

암석은 화산이 분출한 용암이 굳어져서 만들어진 화성암, 오랜 시간 동안 물이나 바람에 의해 진흙과 모래 등이 층층이 쌓여 굳은 퇴적암, 화성암이나 퇴적암이 땅속에서 높은 압력과 열을 받아 다른 성질의 암석으로 변한 변성암으로 나뉘어.

기본 데이터
- 색깔: 회색, 검은색, 흰색 등
- 구성: 다양함
- 산지: 세계 각지
- 용도: 다양함

제2장 돌과 광석

돌을 채굴하는 채석장

건축 재료나 공업 원료로 쓸 돌을 채굴하는 곳이야. 마인크래프트에서는 곡괭이로 돌을 채굴하지만, 현실에서는 커다란 기계로 채굴 작업을 해.

채석장을 만들자

마인크래프트에서는 건물을 짓거나 도구를 만드는 데에 암석이 많이 쓰이기 때문에 동굴에서 얻는 것만으로는 부족할 수 있어. 그럴 때에는 채석장을 만들면 돼. 보통 높이 솟아 있는 언덕에 채석장을 만들지.

33

화강암

화성암의 일종으로 우리가 주위에서 볼 수 있는 가장 흔한 암석 중 하나야. 마인크래프트에서 화강암은 어떠한 곡괭이로도 채굴할 수 있지.

화강암

지하 깊은 곳에서 마그마가 천천히 굳어진 암석이야. 주로 석영, 장석, 운모 등의 광물로 이루어져 있어. 화강암은 매우 단단하고 내구성이 뛰어나서 바닥이나 벽 등 많이 사용하는 표면에 사용돼. 우리나라 경주에 있는 석굴암도 화강암으로 만든 거야.

기본 데이터
- 색깔: 적갈색, 검은색, 흰색 등
- 구성: 석영, 장석 등
- 산지: 세계 각지
- 용도: 표석, 건축물 등

지식+ 화강암은 무슨 색일까?

마인크래프트 속 화강암은 붉은색을 띠고 있지만, 실제로 화강암의 색깔은 흰색, 회색, 분홍색, 빨간색, 녹색, 파란색, 검은색까지 다양해. 암석의 광물 구성과 마그마가 굳는 속도 등의 원인에 따라 색이 달라지지.

흑운모가 많이 함유되면 검은 알갱이들이 보이지.

칼륨장석이 많이 함유되어 있으면 붉은색이나 분홍색을 띠어.

윤나는 화강암

마인크래프트에는 윤나는 화강암이 있어. 말 그대로 반질반질 보기 좋게 윤이 나는 거지. 화강암 네 개를 조합해서 윤나는 화강암 한 개를 만들 수 있어.

섬록암

섬록암도 화성암의 일종이야. 주로 사장석과 각섬석, 휘석 등으로 이루어져 있고, 녹색을 띠는 회색이지.

섬록암

마그마가 지하 깊숙한 곳에서 굳어서 만들어진 암석이야. 섬록암 중 석영을 특히 많이 함유한 것은 '석영 섬록암'이라고 불러. 사장석은 하얀빛을 띠고 있는 반면, 휘석은 검은색에 가까운 색깔이야.

기본 데이터
- 색깔: 회색, 검은색, 흰색 등
- 구성: 사장석, 휘석 등
- 산지: 세계 각지
- 용도: 건축물 등

윤나는 섬록암

마인크래프트에서 섬록암 네 개를 조합하면 윤나는 섬록암을 만들 수 있고, 이글루 지하실에서 얻을 수도 있어. 현실에서 섬록암은 비석으로 종종 쓰여. 현존하는 세계에서 가장 오래된 법전인 함무라비 법전도 섬록암 기둥에 새겨져 있어.

지식+ 빠르고 효율적인 석재 절단기

마인크래프트 세계에서 모은 돌을 가공하여 아이템을 제작할 때에는 석재 절단기를 이용하면 편리해. 계단이나 담장, 벽돌, 반 블록 등 다양한 모양으로 순식간에 가공해 주지. 석재 절단기는 철 주괴 하나와 돌 블록 세 개를 조합하여 만들 수 있어.

제2장 돌과 광석

안산암

화성암의 일종으로 거무스름한 색을 띠는 암석이야. 현무암 다음으로 흔한 암석으로, 마인크래프트에서도 풍부하지.

안산암

땅속 깊은 곳에서 천천히 굳은 섬록암과는 달리, 안산암은 지표 부근에서 빠르게 식으면서 만들어져. 전체적으로 어두운색을 띠는데, 중간중간 보이는 하얀 알갱이는 사장석이야. 안산암은 안데스산맥에 있는 화산에서 많이 발견된 데에서 이름이 유래되었어.

마인크래프트에서 화강암, 섬록암과 함께 쉽게 구할 수 있는 석재야. 여러 생물 군계에 널리 분포되어 있어서 채굴하다 보면 자연스럽게 얻을 수 있지.

기본 데이터
- 색깔: 회색, 검은색, 흰색 등
- 구성: 사장석, 휘석, 각섬석 등
- 산지: 세계 각지
- 용도: 돌담, 자갈 등

다양한 곳에 쓰이는 안산암

마인크래프트에서 윤나는 안산암은 벽이나 계단을 만드는 데 쓰이는데, 실제로도 가공한 안산암은 다양한 산업과 분야에서 많이 쓰여. 내구성이 뛰어나서 비바람에 잘 견디어 건축재로 많이 이용하지. 시간이 지나도 그 모습을 유지해서 기념물이나 조각품에 사용되기도 해.

자갈

강이나 바다의 바닥에서 오랫동안 깎이고 물에 씻겨서 모서리가 점차 닳아서 크기가 작아진 돌을 말해.

보통 지름 5~40밀리미터 크기의 돌로, 콘크리트나 아스팔트의 원료로 쓰거나 기차의 선로에도 자갈을 이용해. 마인크래프트 세계에서 자갈 블록은 중력의 영향을 받아서 아래에 다른 블록이 없으면 후드득 떨어져.

사람이 깨뜨려 부순 쇄석

강이나 바다의 바닥에서 오랫동안 갈리고 물에 씻겨 작아진 돌을 자갈이라고 해. 반면, 사람이 부숴 작게 만든 돌을 '쇄석'이라고 하지. 자갈은 크기가 서로 비슷하고 동글동글하지만, 쇄석은 알갱이가 크고 뾰족한 것이 특징이야. 건축 현장에서는 각각의 용도에 맞게 자갈과 쇄석을 사용해.

자갈과 모래의 차이

모래는 그 크기가 0.02~2밀리미터로, 자갈보다 더 작은 돌 알갱이를 가리켜. 마인크래프트에서는 자갈과 모래를 색깔로 구분하지만, 실제로는 알갱이 크기로 구분하지.

제2장 돌과 광석

사암

오랜 시간 모래가 쌓이고 단단히 뭉쳐서 굳어진 사암은 가장 대표적인 퇴적암 중 하나야.

연한 회색을 띠며 주로 석영과 장석으로 이루어져 있어. 손으로 만졌을 때 거친 느낌이 들지. 자연스러운 색상과 질감으로 건물의 내부 자재로 쓰여. 마인크래프트에서 사막과 해변에 가면 볼 수 있는데, 사암과 붉은 사암 두 가지가 있지.

기본 데이터
- 색깔: 갈색, 옅은 갈색 등
- 구성: 석영, 장석 등
- 산지: 인도 등
- 용도: 건축물 등

조각된 사암

화성암에 비하면 부드러워서 조각하거나 가공하기 쉬워. 마인크래프트에서도 크리퍼 무늬를 조각한 사암을 만들 수 있어.

깎인 사암

사암 네 개를 조합해서 깎인 사암 하나를 만들거나 석재 절단기를 이용해서 만들 수 있어. 다른 석재와 달리 윤이 나지는 않는 것이 특징이야.

사암으로 지은 피라미드

사암은 오랜 옛날부터 건축 재료로 활용되었어. 고대 이집트에서는 사암을 활용해 거대한 피라미드와 신전을 지었지. 마인크래프트에서도 피라미드와 비슷한 건축물을 볼 수 있어.

흑요석

마인크래프트에서 흑요석은 용암 근처에 가면 쉽게 발견할 수 있는데, 네더 차원문을 여는 데 꼭 필요한 블록이야. 현실에서는 '흑요암'이라고 부르기도 해.

흑요석

마그마가 지표 근처에서 급격히 식으면서 만들어진 암석이야. 검은색의 광택이 아름다워서 가공 후 장식품으로 사용하거나 가열하면 팽창하는 성질 때문에 공업용 원료로도 쓰이지.

기본 데이터
- 색깔: 검은색
- 구성: 이산화규소 등
- 산지: 그리스 등
- 용도: 칼날, 장식품 등

마인크래프트에서는 용암에 물을 부으면 흑요석을 만들 수 있어. 흑요석은 무척 단단해서 다이아몬드 곡괭이로만 캘 수 있지.

우는 흑요석의 모든 것

이 블록을 놓으면 마치 '우는' 것처럼 보라색 입자가 생성돼. 피글린과 거래하거나 무너진 네더 차원문에서 얻을 수 있어. 네더에서 플레이어가 부활할 수 있는 리스폰 정박기를 만드는 데 쓰여.

제 2 장 돌과 광석

현무암

현무암은 화성암의 일종으로, 마그마가 지표로 흘러나와 빠르게 굳어진 암석이야. 검은색이나 회색을 띠고 있지.

현무암

현무암의 표면에는 크고 작은 구멍이 있는데, 화산이 분출할 때 마그마 속에 있던 가스가 빠져나간 흔적이야. 마인크래프트에서 현무암은 네더에서 찾을 수 있는데, 장식 블록으로만 쓰여.

기본 데이터
- 색깔: 검은색, 회색 등
- 구성: 휘석, 감람석 등
- 산지: 하와이 등의 화산 지역
- 용도: 건축 외장재 등

규산염의 함량에 따라 마그마가 달라?

마그마는 규산염의 함량에 따라 현무암질, 안산암질, 유문암질 이렇게 세 종류로 나눌 수 있어. 이 중 규산염의 함량이 가장 낮은 현무암질 마그마가 식어서 굳으면 현무암이 되는 거야.

도로의 연석 재료

현무암은 인도와 차도를 구분하는 연석의 재료로도 활용해. 비나 눈이 와도 미끄러지지 않지.

제주도에는 현무암이 많아!

제주도에 가면 돌하르방부터 돌담까지 구멍이 송송 뚫린 현무암을 흔히 볼 수 있어. 그 이유는 제주도가 화산 활동으로 생긴 섬이기 때문이야. 제주도의 90퍼센트가 현무암 지대로 이루어져 있대.

지식+ 마인크래프트에서 현무암 만들기

마인크래프트에서 네더에 가지 않아도 현무암 생성기를 만들면 현무암을 얻을 수 있어. 필요한 준비물은 용암 양동이, 영혼 흙, 푸른얼음이야. 영혼 흙 위로 흐르는 용암이 푸른얼음과 만나면 현무암이 만들어져.

돌과 광석
철 주괴

철

철은 지구의 핵을 구성하는 주요 성분이야. 고대 시대부터 인류가 도구와 무기의 재료 등으로 사용한 금속이지.

철광석

철을 함유한 광석을 철광석이라고 해. 전 세계에서 널리 사용되는 대표적인 자원이야. 중국, 러시아, 브라질, 오스트레일리아 등이 주요 생산국인데, 우리나라는 자원이 부족해서 수입하여 사용하지. 마인크래프트 세계에서는 철광석을 쉽게 얻을 수 있어.

마인크래프트에서 철광석은 옅은 주황색을 띤 광석으로 표현해.

기본 데이터
- 색깔: 적갈색, 회색 등
- 구성: 산화철 등
- 산지: 러시아 등
- 용도: 철제품으로 가공

도구를 수리하는 재료

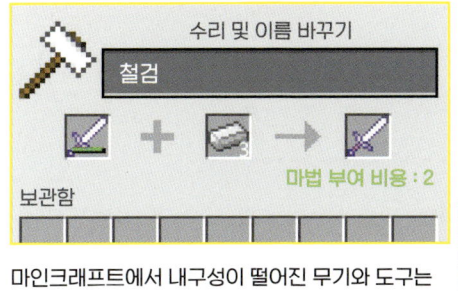

마인크래프트에서 내구성이 떨어진 무기와 도구는 모루에서 철 주괴를 사용해서 수리할 수 있어.

마을을 지키는 철 골렘

철 블록을 T자 모양으로 설치하고, 상단 가운데에 조각된 호박을 설치하면 철 골렘을 만들 수 있어.

제 2 장 돌과 광석

45

철 주괴

철광석을 뜨거운 온도로 녹여 틀에 부은 다음 철 주괴로 가공하는 작업을 '제철'이라고 해. 마인크래프트에서는 화로나 용광로를 사용하는데, 현실에서는 무척 큰 제철소가 필요해.

장비를 업그레이드하자!

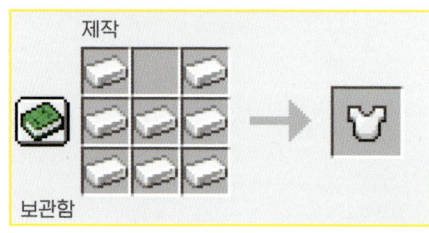

나무나 돌로 만든 장비를 보다 튼튼하고 강력한 철로 만든 장비로 업그레이드할 수 있어. 철 주괴 여덟 개가 필요하지.

철은 몇 도에서 녹을까?

철이 녹는 온도는 대략 섭씨 1,535도야. 제철소에서 1,500도 이상의 용광로에 철광석을 녹여 틀에 넣고 식혀서 여러 가지 모양으로 가공하지.

지식+ 네더라이트는 실제로 존재할까?

네더라이트는 마인크래프트 네더에서 얻을 수 있는 희귀한 금속으로, 다이아몬드보다 강하며 불타지 않고 용암에는 뜨지. 네더라이트는 비록 현실에는 존재하지 않지만, 모델이 되었을지도 모르는 광물이 있어. 바로 '론스달라이트'지.

네더라이트 주괴

네더라이트 파편과 금 주괴를 조합해 만들 수 있어. 다이아몬드 아이템과 합치면 최고급 장비로 탄생하지.

우주 다이아몬드 론스달라이트

Geoffrey Notkin(Creative Commons License)

론스달라이트는 우주에서 떨어진 캐니언 디아블로 운석에서 처음 발견되었어. 다이아몬드보다 무려 58퍼센트 더 단단하다고 해. 왼쪽 사진은 캐니언 디아블로 운석이야.

석탄

석탄은 오래전부터 연료로 활용되어 왔어. 마인크래프트에서도 가장 먼저 획득해 두면 아주 유용하지.

수억 년 전에 살던 식물이 땅속에 묻혀 열과 압력을 받아 만들어진 고체 상태의 물질이야. 불에 타기 쉬운 특성이 있어서 연료로 사용해. 석유에 비해 매장량이 많고, 세계 각지에 분포되어 있어.

석탄 광석을 곡괭이로 채굴하거나 화로에 넣고 가열하면 석탄을 얻을 수 있어.

기본 데이터
- 색깔: 검은색
- 구성: 변질된 식물
- 산지: 중국 등
- 용도: 연료 등

지상에서도 획득 가능

마인크래프트에서는 석탄을 지표 근처에서도 찾을 수 있어. 지하에서는 화석과 함께 발견되기도 하지.

연료와 횃불의 재료

마인크래프트에서 석탄은 가마나 용광로, 화로에 불을 때기 위한 연료로 사용하거나 횃불의 재료로 쓰여서 가지고 다니면 도움이 되지.

지식+ 실제 석탄 채굴 현장

석탄을 캐내는 광산을 '탄광'이라고 불러. 예전에는 마인크래프트에서처럼 사람이 직접 곡괭이로 석탄을 캐고 날랐지만, 현재는 채굴에서 운반까지의 모든 작업을 기계가 수행하지.

제2장 돌과 광석

47

구리

구리는 붉은색의 광택이 나는 금속이야. 철만큼 널리 활용되고 있지.

구리는 오랜 옛날부터 많이 쓰인 금속 중 하나야. 성질이 단단하지 않고 무른 편이라 모양을 변형하기 쉽거든. 열과 전기가 잘 전달되어서 전선을 만드는 데 사용되지. 또 전자 제품의 재료, 기계 부품, 동전, 배관, 동상 등에 쓰이고 있어.

기본 데이터
- 색깔: 초록색, 주황색 등
- 구성: 산화물, 유화물 등
- 산지: 칠레 등 ● 용도: 구리 가공품

지식+ 구리로 만든 상원사 종

강원도 오대산의 상원사에 있는 상원사 종은 725년 통일 신라 시대에 만들어진 구리로 된 종이야. 현재 우리나라에서 가장 오래된 범종으로, 소리가 웅장하고 아름답대.

구리 주괴

구리를 제련하여 구리 주괴를 만드는 것을 '제동'이라고 해. 마인크래프트에서 구리는 도구와 장비로는 사용하지 못하지만, 망원경이나 피뢰침을 만드는 재료로 쓰여.

녹슬기 쉬운 구리

구리는 녹이 슬기 쉬운 금속이야. 마인크래프트에서도 네 가지 단계를 거쳐 녹이 스는데, 밀랍 칠을 하면 녹이 슬지 않아.

구리 주괴로 피뢰침 만들기

피뢰침은 벼락의 피해를 막기 위해 높은 곳에 세우는 금속 막대기야. 마인크래프트에서도 피뢰침은 같은 역할을 해. 피뢰침을 설치하면 벼락을 피할 수 있지. 피뢰침을 만들려면 구리 주괴 세 개가 필요해. 제작대에 구리 주괴 세 개를 세로로 배치하면 피뢰침 하나를 만들 수 있어.

구리 광석은 오버월드의 모든 곳에서 찾을 수 있는데, 특히 해변과 돌 해안에 많아.

화로

구리 광석을 부수고 얻은 구리 원석을 화로나 용광로에 넣으면 구리 주괴를 얻을 수 있어.

피뢰침을 설치한 모습이야. 목재 계열 블록 위에 설치하면 이 주변에는 벼락이 떨어지지 않아서 불이 나는 걸 막을 수 있어.

금

고대부터 사람들이 귀하게 여기고 좋아했던 금속이야. 오늘날까지도 세계 각지에서 화폐로 쓰이고 있지.

금광석

금을 함유하고 있는 광석을 말해. 금속치고는 부드러워서 주로 화폐나 장식품 같은 귀금속으로 사용되고 있어. 마인크래프트에서도 희귀하게 발견되는 광물 블록 중 하나야.

기본 데이터
- 색깔: 황금색
- 구성: 금 등
- 산지: 중국 등
- 용도: 장식품 등

금 주괴

금은 내구성이 약해서 마인크래프트에서 도구나 장비로는 쓰이지 않아. 대신 황금 사과나 황금 당근, 전동 레일 등 아이템을 만들거나 피글린과 거래할 때 쓸 수 있어.

피글린은 금을 좋아해!

네더에 사는 피글린은 금을 무척 좋아해서 금으로 된 갑옷을 입고 있으면 먼저 공격하지 않아. 또 금 주괴를 주면 자신이 갖고 있던 아이템을 넘겨주지.

제 2 장 돌과 광석

다이아몬드

'금강석'이라고도 부르는 다이아몬드는 아름다운 보석으로 사람들에게 사랑받아. 마인크래프트에서도 희귀한 광물이지.

다이아몬드 광석

천연 광물 가운데 가장 단단한 물질로 알려져 있어. 다이아몬드는 엄청난 압력과 열이 가해지는 약 150킬로미터 이상의 깊이에서 탄소 원자들이 뭉쳐서 만들어지기 때문이야. 마인크래프트에서도 지하 깊은 곳에서만 채굴할 수 있어.

기본 데이터
- 색깔: 무색, 흰색 등
- 구성: 탄소
- 산지: 러시아 등
- 용도: 장식품 등

제2장 돌과 광석

지식+ 다이아몬드도 불에 탈까?

다이아몬드는 최고의 단단함을 자랑해. 그런데 다이아몬드도 불에 탈까? 정답은 '그렇다'야. 석탄처럼 탄소로 구성되어 있기 때문이지. 물론 섭씨 1,000도 이상의 고온과 충분한 산소가 필요해. 마인크래프트에서도 다이아몬드 갑옷을 입었다고 용암에 무작정 들어가면 불타 버리니 조심해야 해.

다이아몬드

다이아몬드는 그 단단함 때문에 현실 세계에서는 변하지 않는 영원한 사랑을 상징하며 결혼반지로 쓰여. 마인크래프트에서는 주로 도구나 무기의 재료로 쓰이지.

여기에도 다이아몬드가?

다이아몬드는 견고한 성질 때문에 일상 곳곳에서 사용돼. 레코드플레이어 바늘에도 다이아몬드가 쓰이는데, 레코드의 홈을 따라 바늘이 돌면서 소리를 내지.

여기서 깜짝 난센스 퀴즈!

용이 갑자기 죽었다. 왜 죽었을까?

힌트! 지형을 잘 봐.

▶ 정답은 60쪽에

에메랄드

에메랄드는 영롱한 초록 빛깔의 보석으로 유명해. 마인크래프트 세계에서는 화폐로 사용되지.

에메랄드 광석

크로뮴을 함유하여 밝은 초록색을 띠는 녹주석의 일종이야. 남미의 콜롬비아에서 가장 많이 생산되지. 마인크래프트에서는 오버월드에서 가장 희귀한 광물이야.

기본 데이터

- 색깔: 초록색
- 구성: 크로뮴 등
- 산지: 콜롬비아 등
- 용도: 장식품 등

에메랄드

원석을 가공해서 보석의 형태로 만드는데, 마인크래프트에서는 에메랄드 광석을 화로에 넣으면 에메랄드로 만들 수 있어. 마인크래프트에서는 재료로 쓰이지 않고, 주민과의 거래에 화폐로 쓰이지.

잉카 제국의 신성한 돌

에메랄드는 고대부터 왕족과 귀족들이 즐겨 찾는 보석이야. 생김새가 아름답기도 하고 신성한 힘이 있다고 믿었기 때문이지. 특히 고대 잉카 제국에서는 악령을 쫓아내는 신성한 돌로 숭배했어.

자수정

자수정은 석영의 일종으로 보랏빛을 띠는 보석이야. 예로부터 귀족을 상징했어.

자수정

자수정의 세계 최대 산지는 브라질이야. 우리나라에서는 경남의 언양과 울진 지역에서 적은 양이 산출되는데, 세계 최고의 품질을 자랑해. 마인크래프트에서 자수정은 자수정 정동에서만 발견할 수 있어. 주로 오버월드 지하에 생성되지.

기본 데이터
- 색깔: 보라색
- 구성: 이산화규소 등
- 산지: 브라질
- 용도: 장식품 등

지식+ 빛을 차단하는 유리를 만들자

자수정은 주로 장식품이나 보석으로 사용되지만, 마인크래프트에서는 자수정 조각과 유리를 조합하여 빛을 차단하는 차광 유리를 만들어. 또 구리 주괴와 조합하여 망원경을 만들기도 하지.

석영

지구상에 있는 광물 중 장석 다음으로 흔한 광물이야. 영어로는 '쿼츠'라고 해.

수정

석영은 기본적으로 산소와 규소 원자로 구성된 광물이야. 석영 중에서 무색투명하며 보석으로 가치가 있는 것을 '수정'이라고 해.

기본 데이터
- 색깔: 무색, 흰색 등
- 구성: 이산화규소 등
- 산지: 브라질
- 용도: 장식품, 전자 부품 등

시계의 수정 진동자

수정은 전압을 가하면 진동하는 성질을 이용하여 다양한 회로 부품에 사용되고 있어. 시계 속에도 얇게 잘라 낸 수정에 전극을 붙인 수정 진동자가 있어서 시계를 움직이지.

네더 석영

마인크래프트 네더에서 얻을 수 있는 네더 석영 광석은 겉은 붉은색이지만, 제련을 하면 하얀 수정 형태의 네더 석영이 돼. 레드스톤 비교기, 햇빛 감지기 등을 만드는 재료로 쓰이지.

제 2 장 돌과 광석

돌과 광석
재능 발견

온통 레드스톤이랑 청금석뿐이네.

광석을 부수면 잔뜩 나와.

청금석은 물감으로도 사용할 수 있다며?

그래서……

이렇게 그려 봤지!

너한테 이런 재능이 있었다니!

짜잔

청금석

아름다운 파란색을 띠는 청금석은 먼 옛날부터 많은 사람에게 사랑받아 온 보석 중 하나야. '라피스 라줄리'라고도 불러.

청금석

청금석의 주요 구성 물질은 천람석인데, 이 때문에 푸른색을 띠지. 고대 이집트와 메소포타미아 문명에서부터 귀하게 여기며 보석과 장식품의 재료로 쓰였어. 특히 이집트 파라오의 황금 가면에 사용되기도 했지.

기본 데이터

- 색깔: 파란색
- 구성: 천람석, 방해석 등
- 산지: 아프가니스탄 등
- 용도: 장식품, 물감 등

마법 부여의 에너지원

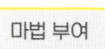
마법 부여

보관함

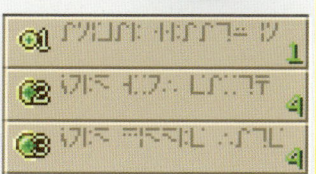

마인크래프트에서 마법 부여를 하기 위해서는 청금석이 필요해. 마법 부여의 레벨에 따라 필요한 청금석의 양이 달라져.

청금석의 산지

아프가니스탄의 바다흐샨 지방은 최고급 청금석이 나는 곳으로 유명해. 그 밖에도 칠레의 안데스산맥에서도 청금석이 발견되지.

제2장 돌과 광석

위험천만한 네더에서 살아남기

네더는 밤낮이 없고 날씨 변화도 없는 암흑세계야. 하늘은 기반암으로 막혀 있고, 빛이라고는 바다 대신 흐르는 용암 바다와 발광석에서만 얻을 수 있어. 게다가 플레이어가 침대에서 자려고 하면 폭발해 버리니 조심해야 해. 하지만 물약을 만들 때 필요한 네더 사마귀와 블레이즈 막대는 네더에서만 얻을 수 있는 아이템이니 꼭 탐험해 봐!

네더는 불과 용암이 가득해서 지옥처럼 보여.

네더 차원문 만드는 법

네더 차원문을 만들기 위해서는 흑요석 열 개, 부시와 부싯돌이 필요해. 흑요석으로 가로 4칸, 세로 5칸의 직사각형 틀을 만들고, 부시와 부싯돌로 불을 붙여 봐. 보라색으로 빛나면 성공!

뒤틀린 숲은 안전해!

붉은 지옥 같은 네더에도 숲이 있어. 바로 뒤틀린 숲이지. 적대적 몹이 가장 적게 나타나서 다른 네더 생물 군계보다 비교적 안전한 편이야. 뒤틀린 균, 뒤틀린 뿌리 등을 얻을 수 있어.

54쪽 퀴즈 정답

정답은······ 암에 걸려서!

아하! 용암이니까.

활짝 핀 꽃을 보고 있으면 마음이 편안해지지 않아? 아름다운데 향기롭기까지 하지. 마인크래프트 세계에도 다양한 종류의 꽃이 피어. 현실의 꽃과 마인크래프트 세계의 꽃은 어떻게 다른지 비교해 봐.

꽃과 풀에는 어떤 비밀이 숨어 있을까?

꽃과 풀
바람을 타고

민들레

거리에서 흔하게 볼 수 있는 작고 노란 꽃이야. 마인크래프트 세계에서도 사막 등 꽃이 자라기 어려운 곳을 빼고는 오버월드 지역 대부분에서 찾을 수 있어.

마인크래프트에서 평원이나 숲을 거닐다 보면 피어 있는 민들레를 볼 수 있어. 잔디 블록에 뼛가루를 뿌려서 민들레를 만들 수도 있어.

민들레

국화과의 여러해살이풀로, 아스팔트 사이에서도 꽃을 피울 정도로 생명력이 무척 강해. 꽃이 지면 하얀 솜뭉치 같은 모습으로 변하는 것이 특징이야. 하지만 마인크래프트에서는 노란 꽃으로만 존재해.

기본 데이터
- 분류: 국화과 민들레속
- 크기: 약 15cm
- 서식 기후: 서늘하거나 온난한 기후
- 원산지: 유럽

설상화의 구조

꽃잎이 길고 얇은 혓바닥처럼 생긴 꽃을 '설상화'라고 해. '혀꽃'이라고도 하지. 설상화는 국화과 꽃에서 흔히 볼 수 있어.

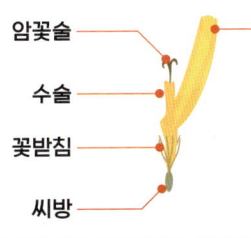

- 암꽃술
- 수술
- 꽃받침
- 씨방
- 꽃잎

민들레 씨앗

민들레 씨앗에는 '갓털'이라고 하는 솜털이 붙어 있어. 갓털 덕분에 바람을 타고 멀리멀리 날아가 씨앗을 퍼트리지.

쇠서나물

꽃은 민들레와 비슷하게 생겼지만, 높이가 약 90센티미터로 더 커. 어린잎은 나물로 먹어.

제 3 장 꽃과 풀

파꽃

동그란 공처럼 생긴 보라색 꽃이야. 마인크래프트에서는 '파꽃'이라고 부르지만, 사실 알리움 기간티움이라는 종이지.

마인크래프트에서 파꽃은 꽃 숲 생물 군계에서만 피는 희귀한 꽃이야. 파꽃으로 자홍색 염료를 만들 수 있어.

알리움 기간티움

라틴어로 알리움은 '마늘', 기간티움은 '커다랗다'는 뜻이야. 알싸한 향이 나고 작은 꽃들이 모여 동그란 형태를 이루는 것이 특징이지. 마인크래프트에서는 보라색뿐이지만, 실제로는 흰색, 분홍색 등 다양해.

기본 데이터
- 분류: 수선화과 부추속
- 크기: 10~120cm
- 서식 기후: 서늘한 기후
- 원산지: 중앙아시아

파와 친구

파, 부추, 마늘과 같은 식물은 알리움과 같은 수선화과 부추속에 속해 있어. 이들의 공통점은 모두 작은 꽃이 모여 동그란 모양을 이루고 있다는 거야.

부추

부추의 꽃을 본 적 있니? 부추 꽃도 역시 동그란 모양으로, 꽃잎은 하얀색 또는 연보라색을 띠고 있어.

데이지

우리가 보는 데이지는 대부분 개량종으로, 원래 데이지는 민들레와 비슷하게 생겼다고 해. 자잘한 꽃잎이 특징이지.

샤스타데이지

기본 데이터
- 분류: 국화과 데이지속
- 크기: 20~100cm
- 서식 기후: 서늘한 기후
- 원산지: 유럽

마인크래프트에서 데이지는 평원에서 쉽게 볼 수 있어. 숲이나 습지에는 없어.

국화과의 여러해살이풀이야. 민들레와 마찬가지로 길거리 어디에서나 쉽게 볼 수 있지. 볕이 잘 들고 배수가 잘 되는 곳에서 잘 자라는데, 5월에서 6월 사이에 꽃을 피우지.

지식+ 마거리트와 닮은꼴

마거리트는 샤스타데이지와 무척 닮아서 꽃 모양으로는 구분하기가 어려워. 대신 하얀색 꽃만 피우는 샤스타데이지와 달리 마거리트는 분홍색과 보라색 꽃도 피운다고 해.

냄새가 고약해!

샤스타데이지는 보기에는 귀엽지만, 거름 냄새 같은 고약한 향을 뿜어. 또 번식력이 너무 강해서 종종 사람들에게 잡초 취급을 받기도 하지.

수레국화

수레국화는 파란색이 대표적이지만, 자주색이나 보라색 꽃도 피워. 독일을 상징하는 국화야.

마인크래프트에서 수레국화는 평원과 꽃 숲 생물 군계에서 찾을 수 있어. 청금석 대신 파란색 염료를 만드는 데 쓸 수 있지.

수레국화

국화과의 한해살이풀이야. 관상용으로 심는 꽃이지만 아무 데서나 잘 자라. 염료로 쓰이기도 하고, 항균 효과가 있어서 유럽에서는 옛날부터 민간에서 약으로 쓰기도 했어.

기본 데이터
- 분류: 국화과 수레국화속
- 크기: 20~100cm
- 서식 기후: 서늘한 기후
- 원산지: 유럽 동부와 남부

수레바퀴와 비슷해!

꽃의 모양이 수레바퀴를 옆으로 세워 놓은 것 같다고 하여 '수레국화'라고 불러. 어때? 비슷해 보여?

번식력이 뛰어나!

수레국화는 잡초처럼 번식력이 뛰어나. 그래서 특별하게 관리해 주지 않아도 씨앗을 뿌려 심으면 쑥쑥 자라지.

튤립

튤립은 4~5월에 꽃이 피기 때문에 추운 겨울이 지나고 따뜻한 봄이 왔음을 알리는 봄의 전령사로 불려. 이때가 되면 전국 곳곳에서 튤립 축제가 열리지.

마인크래프트에서 튤립은 평원에서 찾아볼 수 있어. 빨강, 하양, 주황, 분홍, 네 가지 색의 튤립이 있지.

튤립

기본 데이터
- 분류: 백합과 튤립속
- 크기: 10~70cm
- 서식 기후: 서늘한 기후
- 원산지: 남동 유럽, 중앙아시아

백합과 꽃인 튤립은 우리나라뿐만 아니라, 세계에서 사랑받는 꽃 중 하나야. 튤립은 꽃잎의 색이 무척 다양한데, 해마다 품종 개량을 해서 자그마치 5,000종이 넘는다고 해.

지식+ 집값보다 비싼 튤립?

1630년대 네덜란드에서 부유층이 희귀한 색을 가진 튤립을 찾으면서 튤립 구근의 가격이 급등했어. 한 달 만에 가격이 몇 천 퍼센트가 상승해서 집값과 맞먹는, 이른바 '튤립 버블' 사태가 일어났지. 하지만 오래 가지 못했어. 왜냐고? 당연하지. 튤립은 그냥 꽃일 뿐이잖아.

형형색색 튤립

튤립은 색이 무척 다양해. 꽃 하나에 노란색과 빨간색 등 두 가지 색이 섞여 있는 것도 있고, 줄무늬가 있는 것도 있어.

제3장 꽃과 풀

꽃과 풀
빨간 꽃

오늘도 양귀비를 따러 꽃밭에 가 볼까?

저벅 저벅

철 골렘은 엄청 강해.

저번에도 좀비를 한 방에 쓰러뜨리더라니까.

응?

어이, 오늘은 어딜 가시나?

우, 운동하려고.

하핫

사실 난 싸움이 싫어. 꽃이 좋아.

양귀비

영어로는 '포피'라는 귀여운 이름으로 불려. 마인크래프트에서는 빨간색 꽃만 있지만, 실제로는 흰색과 보라색 꽃도 있어.

마인크래프트에서는 평원에서 볼 수 있는데, 종종 타이가 및 눈 덮인 타이가에서 발견되기도 해. 철 골렘이 죽으면서 떨어뜨리기도 하지.

개양귀비

개양귀비는 마약 성분이 없는 관상용 양귀비과 꽃이야. 줄기와 꽃봉오리에 잔털이 있고, 열매가 작아. 반면 마약 성분을 함유한 양귀비는 줄기에 털이 없이 매끄럽고, 열매가 커. 우리나라에서 재배 금지라서 적발되면 법으로 처벌받아.

기본 데이터
- 분류: 양귀비과 양귀비속
- 크기: 50~100cm
- 서식 기후: 서늘한 기후
- 원산지: 유럽, 시베리아

좀양귀비

주황색에 가까운 꽃 색깔이 특징이야. 제주도 안덕면 근처 바닷가에서 볼 수 있어.

철 골렘이 좋아하는 꽃

마인크래프트에서 철 골렘은 마을을 지키는 든든한 수호자인데, 종종 양귀비를 들고 있어. 그리고 주민들에게 양귀비를 건네기도 하지. 아마 철 골렘이 보내는 우정의 표시가 아닐까?

제3장 꽃과 풀

선애기별꽃

이름처럼 앙증맞고 귀여운 꽃이야. 마인크래프트에서는 하얀색뿐이지만, 실제로는 연보라색이나 하늘색 꽃도 있어.

마인크래프트에서 평원이나 꽃 숲에서 발견할 수 있어. 선애기별꽃을 넣어서 만든 수상한 스튜를 먹으면 몇 초 동안 실명 효과가 생겨.

선애기별꽃

꼭두서닛과의 여러해살이풀이야. 1센티미터 정도의 작은 꽃을 여럿 피우는 것이 특징으로, 하나의 꽃에 네 장의 꽃잎이 달려 있지. 애기별꽃과 생김새가 비슷한데 꽃이 하늘을 향해 서 있다고 하여 이름 붙여졌어.

기본 데이터
- 분류: 꼭두서닛과 호우스토니아속
- 크기: 3~18cm
- 서식 기후: 서늘하거나 온난한 기후
- 원산지: 북아메리카 동부

계뇨등

지피 식물로 딱!

지피 식물은 자라면 흙을 덮어 풍해나 수해를 막아 주는 식물을 말해. 전체 길이가 짧고 귀여운 꽃까지 피우는 선애기별꽃이 제격이지.

선애기별꽃처럼 꼭두서닛과의 여러해살이풀이야. 잎과 줄기를 만지면 닭의 오줌과 비슷한 냄새가 난다고 해서 붙은 이름이야.

모란

꽃이 크고 색이 화려해서 고대부터 동양에서는 임금을 상징했지. 우리나라에는 신라 진평왕 때 중국을 통해 들어왔다고 알려져 있어.

마인크래프트에서 모란은 숲, 자작나무 숲, 어두운 숲, 꽃 숲에서만 자연적으로 생성돼. 꽃잎에서는 분홍색 염료를 얻을 수 있어.

기본 데이터
- 분류: 작약과 작약속
- 크기: 100~150cm
- 서식 기후: 서늘한 기후
- 원산지: 중국 북서부

작약과의 낙엽 관목으로, 나무에서 피는 꽃이야. '목단'이라고도 불러. 꽃잎이 겹겹이 겹쳐진 화려한 모양이 특징인데, 빨간색과 분홍색, 흰색, 노란색 등 다양한 색상이 있어. 중국에서는 '꽃의 왕'이라고 불리며 많은 사람에게 사랑받았지.

작약

작약과의 여러해살이풀로, 모란처럼 커다란 꽃을 피워. 꽃이 크고 탐스러워서 '함박꽃'으로도 불리지. 꽃잎은 차로 즐겨 마시고, 뿌리는 약용으로 쓰여.

모란 잎

여러 개의 날개를 펼친 듯한 모양이야. 보통 초록색이지만, 품종에 따라 붉은색을 띠기도 해. 개화 시기가 지나면 잎은 말라서 떨어지지.

제 3 장 꽃과 풀

해바라기

태양을 닮은 해바라기는 여름을 대표하는 꽃이야. 키가 크고 노란색의 커다란 꽃송이가 특징이지.

해바라기

국화과의 한해살이풀로, 8~9월 사이에 노란색 꽃을 피워. 해를 따라 돈다고 해서 이름 붙여졌지만, 사실 해를 따라 움직이는 건 꽃이 피기 전까지야. 다 자란 해바라기는 꽃의 방향을 아예 동쪽을 향해 고정시키고 움직이지 않지.

기본데이터
- 분류: 국화과 해바라기속
- 크기: 30~300cm
- 서식 기후: 온난한 기후
- 원산지: 중앙아메리카

해바라기가 피는 생물 군계

마인크래프트에서 해바라기는 해바라기 평원에서만 자라. 해바라기는 항상 동쪽을 바라보기 때문에, 해가 없을 때 방향을 찾는 데 도움이 돼. 그러니까 발견하면 보관함에 챙겨 두자.

두 가지 꽃이 합체

해바라기 꽃은 크게 한 송이만 피어 있는 것처럼 보이지만, 사실은 두 종류의 꽃이 합쳐져 있는 꽃이야. 노란색 꽃잎 부분의 설상화와 가운데 빽빽하게 모여 있는 관상화로 이루어져 있지.

제 3 장 꽃과 풀

난초

마인크래프트에 등장하는 파란색 난초는 '반다'라는 꽃을 모델로 한 거야.

마인크래프트에서 반다는 밝은 파란색을 띠고 있어. 파란색 난초로 하늘색 염료를 만들 수 있지.

흔히 '서양란'이라고 불리는, 아름답고 화려한 난초과 꽃이야. 열대 아열대 지방이 원산으로 고온 다습한 환경에서만 잘 자라. 꽃잎 색은 주로 파란색이지만, 하얀색과 노란색을 띠는 품종도 있어.

기본 데이터
- 분류: 난초과 반다속
- 크기: 20~60cm
- 서식 기후: 따뜻하고 습한 기후
- 원산지: 열대·아열대 지방

자란

난초과의 꽃이야. 원래 바위의 암벽에 자생하는 식물로, 습하거나 건조한 곳에서도 잘 자라. 튼튼해서 키우기 쉬운 편이지.

늪에서만 채취 가능

반다는 고온 다습한 곳에서 잘 자라는데, 마인크래프트 세계의 파란색 난초도 오직 늪지대에서만 자라. 다른 생물 군계에서는 뼛가루를 사용해도 얻을 수 없어.

은방울꽃

종 모양의 작은 꽃들이 아래를 향하여 고개를 숙인 채 잔뜩 매달려 있어. 꽃이 아름답고 향기가 좋아서 관상용으로 키워.

마인크래프트에서 다른 꽃과 비교하면 조금 희귀한 편이야. 수상한 스튜에 은방울꽃을 넣으면 독 효과를 내.

은방울꽃

은방울꽃의 꽃말은 '다시 찾은 행복'으로, 유럽에서는 5월에 은방울꽃으로 만든 꽃다발을 받으면 행운이 온다고 믿어. 향기가 은은해서 고급 향수를 만드는 재료로 쓰이기도 해.

기본 데이터
- 분류: 비짜루과 은방울꽃속
- 크기: 25~35cm
- 서식 기후: 서늘하거나 온난한 기후
- 원산지: 유럽, 아시아

지식+ 독을 가지고 있어!

은방울꽃은 귀여운 생김새와 달리 식물 전체에 여러 독성 물질이 있어. 그래서 사람이 먹으면 구토나 설사를 하거나 심할 경우 급성 신부전증으로 혼수 상태에 빠지거나 사망할 수도 있어. 그러니 각별히 조심해야 해.

아스파라거스의 꽃

샐러드나 볶음 요리의 재료인 아스파라거스의 꽃도 은방울꽃처럼 종 모양으로 생겼어. 하지만 아스파라거스는 백합과로 종류가 다르지.

라일락

보라색의 자그마한 꽃들이 한데 모여 있는 라일락은 향이 좋아서 관상용으로 인기가 좋아.

마인크래프트에서 라일락은 숲, 자작나무 숲, 어두운 숲, 꽃 숲에서 찾을 수 있어. 라일락 하나로 두 개의 주홍색 염료를 얻을 수 있지.

라일락

라일락은 물푸레나뭇과의 낙엽수야. 분홍색에 가까운 보라색을 띤 꽃잎이 특징으로, 이 꽃잎의 색을 딴 '라일락색'도 있어. 향기가 진해서 향수의 원료로 사용되지.

기본 데이터
- 분류: 물푸레나뭇과 수수꽃다리속
- 크기: 150~600cm
- 서식 기후: 서늘한 기후
- 원산지: 유럽 남동부

라일락도 열매가 있다?

개화 시기가 끝나면 꽃이 피었던 자리에 초록색의 콩깍지 같은 길쭉한 모양의 열매가 열려. 이 열매가 익으면 자연적으로 쪼개지면서 씨앗이 사방에 뿌려지지.

제3장 꽃과 풀

꽃과 풀
검은 장미

마인크래프트 괴담

그거 알아?

마인크래프트에는 '위더 장미'라는 검은색 장미가 있는데,

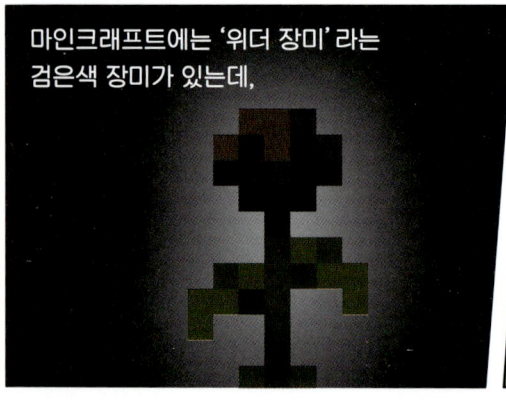

몹이 위더에게 공격을 받고 죽으면

그 자리에 피는 꽃이라고 해. 혹시 죽은 몹의 영혼이 이 꽃에 갇혀 버린 것은 아닐까?

무시무시한 꽃이야……

소름

장미

예로부터 아름다움의 상징으로 사랑받은 꽃이야. 주로 빨간색 장미를 떠올리지만, 흰색, 노란색, 분홍색 등 여러 가지 색깔의 장미가 있어.

장미는 곧게 자라는 관목과 길게 뻗어 자라는 덩굴로 나뉘어. 마인크래프트에서는 덩굴장미가 피어.

장미과의 낙엽 관목이야. 줄기에 뾰족한 가시가 돋아 있는 것이 특징이지만, 개량된 품종에는 가시가 없는 종도 있어. 주로 관상용으로 쓰이는데, 향이 좋아서 꽃잎에서 채취한 장미 오일은 향수나 화장품 등에 사용돼.

기본 데이터
- 분류: 장미과 장미속
- 크기: 15~200cm
- 서식 기후: 서늘한 기후
- 원산지: 서아시아

장미 꽃잎의 정체

사실 장미의 꽃잎은 수술이 변화한 거야. 그러니 꽃잎이 많으면 많을수록 수술은 적을 수밖에 없겠지?

지식+ 위험한 위더 장미

마인크래프트 속 '위더 장미'는 자연적으로는 생성되지 않고, 몹이나 플레이어가 위더의 공격으로 죽었을 때 그 자리에 피어나지. 위더 장미를 만지면 시듦 효과를 받게 되니 조심해야 해.

제3장 꽃과 풀

진달래

우리나라 도로변이나 공원 등의 화단에서 흔하게 볼 수 있는 꽃이야. 한데 모여 피는 모습이 무척 아름답지.

마인크래프트에서 진달래는 진달래, 꽃 핀 진달래, 진달래나무 이렇게 세 가지 상태로 존재해. 무성한 동굴에서 생성되지.

'두견화'라고도 부르는 진달래는 진달랫과의 낙엽 관목이야. 우리나라 전역의 산지에서 무리 지어 자라는데, 분홍색, 진분홍색, 흰색 등 색이 다양해.

기본 데이터
- 분류: 진달랫과 진달랫속
- 크기: 50~300cm
- 서식 기후: 서늘하고 습한 기후
- 원산지: 한국, 중국

철쭉

진달래는 꽃이 진 후 잎이 나지만, 철쭉은 잎이 먼저 나. 꽃이 피었는데 잎이 없다면 진달래, 잎과 꽃이 함께 있으면 철쭉이야!

뼛가루를 뿌려야 나무가 돼!

마인크래프트 세계에서 진달래와 꽃 핀 진달래는 시간이 지나도 자라지 않아. 플레이어가 뼛가루를 뿌려 줘야만 진달래나무로 성장해.

제 3 장 꽃과 풀

포자 꽃

포자 꽃은 마인크래프트 세계에만 존재하는 꽃이라서 현실 세계에서는 찾아볼 수 없지. 대신 포자를 날리는 식물에 대해 알아볼까?

포자 꽃은 무성한 동굴에서만 자연적으로 생성돼. 천장에 설치하면 아래로 녹색 입자를 뿜어내는데, 이 입자는 아무런 영향도 끼치지 않아.

양치식물

기본 데이터

- 분류: 양치식물
- 크기: 다양
- 서식 기후: 온난하거나 서늘한 기후
- 분포 지역: 세계 각지

꽃이 피고 씨를 만들어 번식하는 식물을 종자식물이라고 해. 반대로 꽃이 피지 않고 포자(홀씨)로 번식하는 식물은 포자식물이지. 양치식물도 포자식물 중 하나로, 잎 뒤쪽에 붙어 있는 포자를 멀리 날려 보내서 번식해.

지식+ 포자 꽃이 있는 무성한 동굴

무성한 동굴은 오버월드의 지하에 존재하는 생물 군계로, 진달래나 포자 꽃이 생성되는 곳이야. 또 아홀로틀은 무성한 동굴에서만 생성되는 유일한 몹이야. 무성한 동굴에 가고 싶다면 먼 저 진달래나무를 찾아. 진달래나무의 아래를 열심히 파다 보면 무성한 동굴이 나올 거야.

꽃을 피우지 않는 무종자 식물

고사리와 같은 양치식물은 포자로 번식하기 때문에 씨앗이 없고, 꽃도 피우지 않지. 포자 꽃은 마인크래프트 세계에만 존재하는 특별한 꽃이야.

이끼

바위나 습지, 고목에서 얇게 펼쳐져 자라는 식물이야. 잎과 줄기의 구별이 분명하지 않아.

마인크래프트의 무성한 동굴에서 이끼 블록을 얻을 수 있어. 이끼 블록에 뼛가루를 사용하면 주위의 블록을 이끼 블록으로 바꿀 수 있지.

이끼

선태식물류에 속하는 이끼는 전 세계적으로 약 1만 3,000여 종이 있어. 주로 축축하고 그늘진 바위 표면이나 지면, 나무 표면 등에 작고 촘촘하게 자라지. 이끼를 이용해서 정원을 꾸미기도 해.

기본 데이터
- 분류: 선태식물
- 크기: 6~10cm
- 서식 기후: 서늘한 기후
- 분포 지역: 세계 각지

이끼는 어떻게 번식할까?

이끼는 생식 세포인 포자로 번식해. 포자가 발아해 새싹이 돋아 자라며 새로운 이끼의 몸체가 되고 다시 그 이끼가 포자체를 형성해서 개체를 늘려 가는 거야.

지식⁺ 마리모와 이끼의 공통점

마리모는 일본 홋카이도의 아칸 호수에서 공 모양으로 자라는 녹조류의 일종이야. 어항에 넣어 집에서도 손쉽게 키울 수 있어서 인기가 많아. 마리모와 이끼는 생김새가 비슷하지만, 마리모는 조류, 이끼는 선태류에 속해 있어. 그렇지만 둘 다 광합성을 하는 식물이라는 공통점도 있지.

제 3 장 꽃과 풀

꽃을 보려면 꽃 숲으로!

꽃 숲 생물 군계는 이름처럼 다양한 꽃으로 뒤덮인 숲 생물 군계야. 다른 숲 생물 군계에 비해 나무의 수가 적은 대신, 많은 꽃이 피어 있지. 몇 가지 꽃을 제외한 대부분의 꽃이 이곳에 생성되지.

파꽃은 꽃 숲에서만 생성되기 때문에 이곳이 꽃 숲 생물 군계인지 아닌지 확인하고 싶으면 파꽃을 찾아보면 돼.

꽃 숲에서만 피는 꽃

보랏빛의 귀여운 동그란 꽃 모양이 특징인 파꽃은 꽃 숲에서만 생성돼. 파꽃은 자홍색 염료로도 쓸 수 있는데, 라일락도 자홍색 염료로 쓰여.

꽃 숲에서는 피지 않는 꽃

해바라기 평원에서만 피는 해바라기와 늪에서만 자라는 파란색 난초, 위더의 공격을 받아야만 피는 위더 장미는 꽃 숲에서는 찾아볼 수 없어.

뼛가루는 훌륭한 비료!

뼛가루를 사용하면 어디서든 꽃을 피울 수 있어. 눈 생물 군계에서도 땅을 덮고 있는 눈을 부수고 뼛가루를 뿌리면 꽃이 피어나지. 단 사막 생물 군계에서는 뼛가루를 사용해도 꽃을 피울 수 없어.

꽃은 어디에 쓰일까?

꽃은 염료를 만들거나 수상한 스튜의 재료로 쓰여. 하지만 역시 가장 많이 쓰이는 건 장식용이지. 집 주변에 심거나 화분에 넣어서 집 안을 장식해 봐. 보기만 해도 기분이 좋아질 거야.

제4장
채소와 과일

한창 자라는 성장기 어린이들은 영양소가 골고루 든 음식을 먹어야 해. 이때 빼놓을 수 없는 것이 바로 채소와 과일이지. 현실 세계에서도, 마인크래프트 세계에서도 채소와 과일은 소중한 식량이야.

먹음직스러운 과일이 잔뜩 열렸어!

밀

밀은 쌀, 옥수수와 더불어 사람들이 주식으로 먹는 세계 3대 곡물 중 하나야. 마인크래프트 세계에서도 식료품으로 널리 쓰이지.

잔디를 부수면 밀 씨앗을 얻을 수 있어. 이 씨앗을 경작지에 심어서 밀을 수확해 봐. 식량뿐만 아니라 먹이로도 유용하게 쓰여.

밀

밀은 현재 세계에서 가장 넓은 재배 면적을 차지하는 농작물이야. 밀을 빻아 만든 밀가루는 다양한 요리에 활용되지. 마인크래프트에서도 밀은 빵이나 케이크의 재료로도 쓰이고, 가축에게 먹이면 번식시킬 수도 있으니 꼭 재배해야 해.

기본 데이터
- 수확 시기: 6~8월
- 재배 기후: 건조한 기후
- 주요 산지: 중국, 인도
- 영양 성분: 탄수화물

빵을 만들자

지식+ 밀 씨앗은 초록색?

마인크래프트에서 다 자란 밀을 수확하거나 잔디를 부수면 밀 씨앗을 얻을 수 있어. 마인크래프트에서 밀 씨앗은 초록색이지만, 실제 밀 씨앗은 갈색빛이야.

밀가루는 맛있는 빵을 만드는 데 필요한 재료야. 마인크래프트에서는 밀 세 개를 조합하면 빵을 만들 수 있지.

제4장 채소와 과일

무시무시한 호박

채소와 과일

호박

마인크래프트에서 호박은 호박파이, 조각된 호박, 잭오랜턴, 골렘 등 다양한 아이템을 만들 수 있는 재료야. 재배해서 키울 수 있어.

마인크래프트에서 호박은 상당히 드물게 잔디 블록에서 자라. 호박에 가위를 사용하면 조각된 호박 하나와 호박씨 네 개를 얻을 수 있어.

호박

박과의 덩굴성 한해살이풀로, 열대 및 남아메리카가 원산지야. 지금은 전 세계에서 널리 재배되지. 비타민 A와 칼륨이 풍부한 호박은 죽으로 끓여 먹거나 파이로 만들어 먹는 등 다양한 요리에 활용돼.

기본 데이터
- 수확 시기: 6~9월
- 재배 기후: 서늘하거나 건조한 기후
- 주요 산지: 중국, 인도
- 영양 성분: 비타민 A 등

다양한 종류의 호박

호박은 크게 동양계 호박, 서양계 호박, 페포계 호박 세 종류가 있어. 동양계와 페포계 호박은 녹색을 띠고, 서양계 호박은 마인크래프트 호박처럼 주황색을 띠어.

제 4 장 채소와 과일

호박파이는 전통 디저트

미국에서는 핼러윈이나 추수 감사절, 크리스마스 같은 기념일에 주로 호박파이를 만들어서 먹는 전통이 있어. 마인크래프트에서도 호박과 설탕, 달걀을 조합하면 호박파이를 만들 수 있어.

지식+ 영양 만점 호박씨

마인크래프트 세계에서는 호박씨를 먹을 수 없지만, 실제로는 먹을 수 있어. 미네랄, 식이 섬유 등 영양이 풍부하고 맛이 좋아서 구워서 먹거나 생으로 먹을 수도 있어.

여기서 깜짝 난센스 퀴즈!

땅에 심어도 자라지 않는 씨는?

초성 힌트는 ㅇㅈㅆ!

▶ 정답은 94쪽에

수박

여름 하면 떠오르는 것은? 바로 수박! 무더운 여름날 달콤한 수박을 한입 베어 물면 정말 시원하지.

마인크래프트에서 수박은 정글에서 자연적으로 생성되고, 삼림 대저택에 있는 덩굴 방에서도 찾을 수 있어.

수박

박과의 덩굴성 한해살이풀로, 초록색 바탕에 검은 줄무늬가 특징이지. 흔히 수박을 과일로 알고 있지만, 수박은 채소로 분류돼. 정확히는 '과채류'라고 하는데, 수박, 딸기, 토마토, 참외처럼 열매를 먹는 채소를 말해.

기본 데이터
- 수확 시기: 7~8월
- 재배 기후: 온난하거나 건조한 기후
- 주요 산지: 중국, 튀르키예
- 영양 성분: 비타민 B 등

맛있는 수박을 고르는 법

수박의 겉껍질이 매끄럽고 윤기가 나며, 줄무늬가 선명한 것이 잘 익은 수박이야. 그리고 수박을 손으로 두드렸을 때 맑고 울림 있는 소리가 나는 것이 좋아.

지식+ 반짝이는 수박 조각

마인크래프트에서 수박 조각 한 개와 금 조각 여덟 개를 조합하면 반짝이는 수박 조각을 만들 수 있어. 반짝이는 수박 조각은 먹을 수는 없고, 평범한 물약과 치유의 물약을 만드는 데 재료로 쓰여.

제 4 장 채소와 과일

채소와 과일
초록 감자

감자

기르기 쉽고 오랫동안 보관이 가능한 데다, 먹으면 포만감이 있어서 아주 오래전부터 전 세계에서 재배되었어.

마인크래프트에서 감자는 경작지에 심어서 재배할 수 있어. 다 자란 감자는 든든한 식료품이 되고, 돼지를 유인할 수도 있어.

감자

가짓과의 여러해살이풀로, 대표적인 구황 작물이야. 구황 작물이란 가뭄이나 장마에 영향을 덜 받고 척박한 땅에서도 잘 자라서 흉년이 들었을 때 식량이 되는 농작물을 말해. 감자는 많은 사람을 굶주림에서 구했어.

기본 데이터
- 수확 시기: 5~7월
- 재배 기후: 서늘한 기후
- 주요 산지: 중국, 인도
- 영양 성분: 탄수화물, 비타민 C 등

감자는 뿌리가 아닌 줄기의 일부!

감자는 땅속에서 캐기 때문에 고구마나 당근처럼 뿌리라고 흔히 생각하지만 사실은 줄기의 일부야. 감자는 땅속에 있는 줄기에서 양분을 축적해 비대해진 부분, 즉 덩이줄기지.

초록색 감자 먹어도 될까?

감자가 햇빛에 오래 노출되면 엽록소 합성 작용이 일어나 껍질이 초록색으로 변하면서 솔라닌이라는 독성 물질이 생겨. 그래서 햇빛에 닿지 않도록 검은 봉지나 신문지 등에 넣어 보관해야 돼. 마인크래프트에서도 초록색 감자는 독 효과가 있어서 몸에 해롭기 때문에 먹으면 안 돼!

구운 감자를 만들어 보자

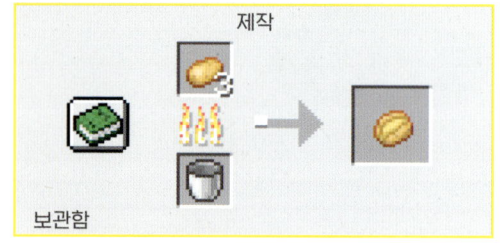

마인크래프트에서 감자를 화로에 넣으면 구운 감자로 만들 수 있어. 구운 감자를 먹으면 5만큼 허기가 회복되고, 6만큼의 포만감이 채워지지.

90쪽 퀴즈 정답

정답은 바로 **아저씨**야!

아저씨는 아무리 땅에 심어도 자라지 않지.

당근

선명한 주황빛을 띤 당근은 '홍당무'라고도 불러. 마인크래프트에서는 토끼나 돼지 등 동물의 먹이로 쓰이지.

마인크래프트에서 낚싯대에 당근을 매단 당근 낚싯대를 이용하면 돼지를 타고 방향을 조종할 수 있어.

당근

산형과의 두해살이풀로, 우리가 먹는 부분은 뿌리야. 당근은 카로틴과 비타민 A 등 다양한 영양소를 함유하고 있어서 몸에 좋아. 우리나라 당근의 70퍼센트는 제주도에서 생산되는데, 특히 구좌읍에서 생산되는 당근이 품질이 좋기로 유명해.

기본 데이터
- 수확 시기: 7~8월
- 재배 기후: 서늘한 기후
- 주요 산지: 중국, 우즈베키스탄
- 영양 성분: 비타민 A 등

일 년에 두 번 재배

당근은 일 년에 두 번, 주로 봄과 여름에 씨앗을 뿌려. 당근이 다 자랄 때까지는 약 4개월 정도 걸려. 봄에 씨를 뿌린 경우에는 여름, 여름에 뿌렸다면 겨울 즈음에 수확할 수 있지.

제 4 장 채소와 과일

지식+ 당근 씨앗

당근을 심을 때는 대부분 모종이 아닌, 씨앗을 심어. 모종을 심으면 당근이 곧게 자라지 못하기 때문이야. 당근의 씨앗은 꽃 부분에 있는데, 크기가 무척 작지. 마인크래프트에서는 씨앗이 없고 당근을 통째로 심어.

황금 당근 만들기

당근 한 개와 금 조각 여덟 개로 황금 당근을 만들 수 있어. 어색한 물약과 황금 당근을 조합하면 야간 투시의 물약을 만들 수 있지. 야간 투시의 물약을 마시면 어두운 곳에서도 밝기 15로 볼 수 있기 때문에, 해저 신전 등을 수중 탐험할 때 꼭 필요해.

여기서 깜짝 난센스 퀴즈!

채소가 가장 싫어하는 도시는?

① 서울
② 시드니
③ 뉴욕

▶ 정답은 102쪽에

비트

비트는 껍질뿐 아니라 속까지 새빨개서 '빨간 무'라고도 불리는 뿌리채소야. 아삭한 식감으로 당분이 많고 단맛이 나지.

비트

마인크래프트에서 비트는 식료품이자 빨간색 염료의 재료로 쓰여. 비트를 주면 돼지를 교배시킬 수도 있어.

명아줏과의 두해살이풀이야. 비트는 풍부한 철분을 함유하고 있어서 빈혈이 있는 사람에게 좋다고 해. 또한 혈압을 낮추는 효과도 있어서 고혈압 환자에게도 효과적이지. 특유의 붉은색을 띠며, 주로 샐러드에 넣어서 먹어.

기본 데이터
- 수확 시기: 6월경, 12월경
- 재배 기후: 서늘한 기후
- 주요 산지: 러시아, 프랑스
- 영양 성분: 비타민 C, 철분

비트로 만든 수프, 보르시

비트 뿌리를 넣고 끓인 우크라이나식 전통 수프 '보르시'야. 비트를 넣어서 역시 붉은색이 나지. 마인크래프트의 비트 수프도 보르시와 비슷하게 생겼어.

제4장 채소와 과일

채소와 과일
이게 정말 버섯?

버섯

버섯은 식이 섬유와 비타민, 철, 아연 등이 풍부한 건강식품이야. 송이, 양송이, 표고, 팽이버섯 등 종류가 다양하지.

버섯

마인크래프트에서 버섯은 밝기 12 이하의 어두운 곳이나 버섯 들판 생물 군계 등에서 생성돼. 나무처럼 생긴 거대한 버섯도 볼 수 있지.

버섯은 곰팡이와 같은 균류에 속해. 식물이 아니기 때문에 광합성을 하지 않지. 주로 나무 밑동이나 동물의 사체 등에서 자라며, 죽은 생물로부터 영양분을 얻고 홀씨로 번식해. 야생에는 독이 있는 버섯이 많기 때문에 절대 함부로 먹어서는 안 돼!

송이버섯

주로 솔잎이 쌓인 습지에서 자라는 송이버섯은 독특한 향과 맛을 지닌 고급 식재료 중 하나야. 인공 재배가 어려워서 더 귀하게 여겨지지.

종류마다 다른 버섯 재배

양송이, 표고, 목이, 느타리버섯 등은 인공으로 재배하고 있어. 재배 방법에 따라 원목 재배, 균상 재배, 퇴비 재배, 임지 재배로 나뉘지.

제4장 채소와 과일

채소와 과일
간식이 좋아

사탕수수 발견!

당장 수확하자!

사탕수수로 종이를 만들 수 있대.

나는 설탕을 만들래.

설탕이랑 밀가루로 케이크를 만들었어.

잘 먹겠습니다!

달걀이랑 우유도 넣었지.

사탕수수

사탕수수 줄기에 설탕의 주성분인 자당이 들어 있어서 줄기에서 짜낸 즙을 졸이면 설탕이 되지.

마인크래프트에서 사탕수수는 오버월드의 물가에서 자라. 종이와 설탕을 제작하는 데 쓰이지.

사탕수수

볏과 식물인 사탕수수는 길이가 약 2~3미터에 달하는데, 6미터까지 자라기도 해. 연평균 기온이 높고 강우량이 많은 열대 지역에서 자라기 때문에 우리나라에서는 재배가 어려워. 사탕수수는 주로 설탕의 원료로 쓰이고, 섬유는 종이로 만들기도 해.

기본 데이터
- 수확 시기: 12~4월
- 재배 기후: 온난한 기후
- 주요 산지: 브라질, 인도
- 영양 성분: 비타민 E 등

최대 사탕수수 재배지

현재 세계에서 사탕수수가 가장 많이 나는 나라는 브라질과 인도야. 광대한 사탕수수밭을 보유하고 있지. 그런데 최근 이상 기후 때문에 사탕수수 생산에 문제가 생기면서 설탕의 가격이 오르락내리락하고 있다고 해.

설탕은 원래 갈색?

원래 사탕수수의 즙을 졸여서 만들어진 설탕은 흰색이 아닌 갈색이야. 이 상태에서 여과 과정 등을 거치면 우리가 잘 알고 있는 흰색 설탕이 되지.

케이크의 재료

마인크래프트에서 설탕은 발효된 거미눈을 만들 때 말고는 케이크나 호박파이와 같은 음식을 만드는 데 쓰여. 그래서 사탕수수는 주로 종이를 만드는 재료로 활용하지.

96쪽 퀴즈 정답

정답은······
② 시드니야!

시든 채소를 좋아할 사람은 없겠지?

사과

달콤한 맛이 좋은 사과는 품종에 따라 다르지만, 보통 붉은색이나 노란색 껍질을 갖고 있어.

마인크래프트에서는 참나무와 짙은 참나무의 잎을 부수면 일정 확률로 사과를 얻을 수 있어.

제4장 채소와 과일

사과

장미과 낙엽 교목인 사과나무의 열매야. 오래전부터 세계 각지에서 사랑받는 과일 중 하나야. 생으로 먹거나 잼, 주스, 샐러드, 주류 등 여러 요리에 활용돼.

기본 데이터
- 수확 시기: 8~11월
- 재배 기후: 서늘한 기후
- 주요 산지: 중국, 미국
- 영양 성분: 비타민 C 등

황금 사과 만들기

황금 사과를 만들려면 사과 한 개와 금 주괴 여덟 개가 필요해. 좀비로 변한 주민에게 황금 사과와 나약함의 물약을 주면 원래대로 돌려놓을 수 있어. 마법이 부여된 황금 사과도 있는데, 이 아이템은 만들 수 없고 찾아야만 얻을 수 있어.

사과는 사과나무에서!

마인크래프트와 달리 실제로 사과는 사과나무에서 열려. 사과나무는 5월에 꽃을 피우고, 9월~10월에 열매를 맺지. 홍로, 부사, 아오리, 홍옥 등 다양한 품종이 있어.

코코아

마인크래프트에서 '코코아'라고 부르는 카카오는 씨를 가공하여 초콜릿이나 코코아의 원료로 쓰지.

마인크래프트에서 코코아는 정글 생물 군계에서만 자라. 정글 나무에 꼬투리 형태로 매달려 있지.

카카오

벽오동과의 상록 교목으로, 따뜻하고 다습한 기후에서 잘 자라. 긴 타원 모양의 열매가 열리는데, 그 열매에서 채취한 씨앗이 바로 카카오 콩이야. 카카오가 가장 많이 생산되는 나라는 서아프리카의 코트디부아르야.

기본 데이터
- 수확 시기: 5월경, 10월경
- 재배 기후: 온난하고 습한 기후
- 주요 산지: 코트디부아르, 가나
- 영양 성분: 폴리페놀

지식+ 카카오 열매의 단면

카카오 열매의 껍질을 반으로 쪼개면 하얀 과육에 싸인 씨가 줄지어 있어. 이 과육 부분은 사과처럼 새콤달콤한 맛이 난다고 해.

초콜릿이 되기까지

카카오 콩을 볶아 갈아 낸 것을 '카카오 페이스트'라고 해. 여기에서 기름기를 빼고 더 곱게 갈아서 만든 코코아 파우더에 우유나 설탕을 더해 굳히면 초콜릿 완성!

제5장
나무와 목재

나무는 인류 문명의 탄생과 진화에 가장 큰 기여를 한 자원 중 하나야. 오랜 옛날부터 인류에게 먹을 열매를 주고, 땔감이 되기도 하고, 살 곳을 제공하기도 했지. 나무의 다양한 종류와 쓰임에 대해 알아보자.

나무는 정말 고마운 존재야.

나무와 목재
나무 모으기

참나무

참나무는 어느 한 종이 아닌, 참나뭇과에 속하는 나무 전체를 가리키는 명칭이야. 참나뭇과 나무는 모두 도토리 열매가 열려서 '도토리나무'라고 부르기도 해.

참나무는 마인크래프트에서 가장 쉽게 찾아볼 수 있는 나무야. 실제 참나무에서는 도토리가 떨어지지만, 마인크래프트에서는 참나무 잎을 부수면 일정 확률로 사과가 떨어지지.

떡갈나무

참나뭇과의 낙엽 활엽 교목인 떡갈나무는 우리나라에서도 흔히 볼 수 있는 나무야. 이 나무의 잎을 이용해서 떡을 쌌다고 하여 이름 붙여졌어. 높이가 20미터에 달하며 가지가 굵고 넓게 퍼지는 것이 특징이야.

기본 데이터
- 분류: 참나무목 참나뭇과
- 높이: 15~20m
- 서식 기후: 온난하고 습한 기후
- 분포 지역: 세계 각지

다람쥐의 건망증 덕분

마인크래프트에서는 묘목을 땅에 심어야 참나무가 자라. 하지만 실제로는 다람쥐가 먹으려고 땅속에 숨겨 놓은 도토리를 잊어버리는 바람에 떡갈나무로 자란다고 해.

제5장 나무와 목재

자작나무

자작나무는 흰색 바탕에 검은색 얼룩무늬가 있는 줄기가 특징인 나무야. 불에 탈 때 자작자작 소리를 낸다고 해서 이런 이름이 붙여졌어.

마인크래프트에는 자작나무로만 이루어진 생물 군계인 자작나무 숲이 있어. 또 일반 자작나무보다 훨씬 키가 큰 자작나무가 생성되는 자작나무 원시림도 있지.

기본 데이터
- 분류: 참나무목 자작나뭇과
- 높이: 20~25m
- 서식 기후: 서늘한 기후
- 분포 지역: 북반구 각지

시베리아나 북유럽, 동아시아 북부 등 주로 추운 한대 지방에서 자라는 자작나뭇과의 나무야. 하얀 나무껍질이 종이처럼 벗겨지는 것이 특징이지. 목질이 단단하고 조직이 치밀해서 벌레가 잘 생기지 않고 변질되지 않는 것이 특징이야.

영양 자작나무 숲

경상북도 영양군에 위치한 우리나라 최대 규모의 자작나무 숲이야. 무려 축구장 42개 크기라고 해. 2020년 산림청이 지정하는 국유림 명품 숲에 선정되었지.

자작나무의 장점

자작나무는 다른 나무보다 '큐틴'이라는 방부제 성분이 많아서, 잘 썩지 않고 곰팡이도 잘 피지 않는다는 장점이 있어. 또한 자작나무의 나뭇결은 다른 나무보다 하얗고 밝은색을 띠고 있어서 가구로 만들어 사용하지.

지식+ 자작나무로 만든 공예품

드넓은 자작나무 숲이 있는 일본의 나가노현은 자작나무로 만든 공예품이 유명해. 대표적으로 자작나무로 만든 인형과 그릇 등이 있어.

제5장 나무와 목재

짙은 참나무

마인크래프트의 참나무 중에서 나무 껍질의 색깔이 어두운 나무를 짙은 참나무라고 해. 참나무보다 줄기가 두껍고 키가 크지.

마인크래프트에서 짙은 참나무는 두꺼운 만큼 나무 한 그루에서 많은 목재를 얻을 수 있지만, 그만큼 나무를 베기가 쉽지 않아. 또한 묘목을 심을 때 네 개를 심어야 자라.

제 5 장 나무와 목재

종가시나무

짙은 참나무는 현실 세계의 종가시나무와 비슷해. 종가시나무는 참나뭇과 상록 활엽 교목으로, 추위에 약해서 우리나라에서는 주로 따뜻한 전라남도와 제주도에서 자라.

기본 데이터

- 분류: 참나무목 참나뭇과
- 높이: 15~20m
- 서식 기후: 온난한 기후
- 분포 지역: 아시아 각지

어두운 목재가 필요할 땐 흑단

흑단은 인도 남부와 스리랑카가 원산지인 나무야. 겉껍질은 흰색이지만, 안쪽의 심재는 진한 흑색이지. 이 부분은 조직이 치밀하고 다듬으면 부드러운 광택이 나서 값비싼 가구나 악기에 쓰여.

아카시아나무

주로 열대와 온대 기후 지역에서 자라는 나무야. 마인크래프트에서는 사바나 생물 군계에서 볼 수 있지.

마인크래프트의 사바나 생물 군계에서 자라는 아카시아나무는 붉은색 원목이 특징으로, 몸통이 대각선 방향으로 자라. 묘목을 심으면 사바나 말고 다른 지역에서도 키울 수 있어.

아카시아

주로 열대와 아열대 지역에서 자라며, 특히 오스트레일리아와 아프리카에 많이 분포해 있어. 땅속 깊은 곳까지 뿌리를 내리기 때문에 비가 잘 내리지 않는 척박한 땅에서도 잘 자라지. 둥근 공 모양의 노란색 꽃이 피어.

기본 데이터
- 분류: 장미목 콩과
- 높이: 5~10m
- 서식 기후: 온난한 기후
- 분포 지역: 오스트레일리아, 아프리카

아카시아와 아까시나무

흔히 '아카시아'라고 알고 있는 나무는 사실 '아까시나무'야. 아까시나무가 우리나라에 처음 들어올 때 '아카시아'로 잘못 불린 것이 그대로 굳어진 거야. 둘은 전혀 다른 나무로 아까시나무는 흰색 꽃이 피고, 아카시아는 노란색 꽃이 펴.

지식+ 아카시아나무의 쓰임새

아카시아나무는 성장 속도가 빠르고 수분 흡수량이 적어서 환경 친화적인 소재로 인정받아. 무게가 가벼우면서도 강도가 뛰어나서 가구 제작, 목공예품, 건축 자재 등에 폭넓게 사용돼. 마인크래프트 속 아카시아는 붉은빛을 띠지만, 실제로는 많이 붉지 않아서 활용도가 높아.

아카시아꿀? 아까시 꿀!

흔하게 먹는 아카시아꿀도 아카시아나무가 아닌 아까시나무 꽃에서 채취한 꿀이야.

제5장 나무와 목재

정글 나무

마인크래프트의 정글 생물 군계에서만 자라는 나무야. 코코아는 정글 나무에 심어야만 자라지.

마인크래프트의 정글 생물 군계는 키 큰 나무가 빽빽하게 있어서 온갖 위험이 도사려. 횃불 등으로 표시하지 않으면 길을 잃기 쉬워. 이곳에는 정글 나무뿐 아니라 대나무도 자라.

제 5 장 나무와 목재

두리안

정글이 펼쳐진 동남아시아의 말레이반도가 원산지로, 30미터까지 자라. 뾰족뾰족한 가시로 뒤덮인 열매는 '과일의 왕'이라고 불릴 만큼 크기가 크고 맛이 좋아. 하지만 냄새가 아주 고약해서 일부 나라에서는 호텔에 반입을 금지하고 있어.

기본 데이터
- 분류: 아욱목 아욱과
- 높이: 20~30m
- 서식 기후: 온난하고 습한 기후
- 분포 지역: 말레이시아, 인도 등

인도고무나무

뽕나뭇과의 상록 교목으로, 인도 북동부가 원산지야. 줄기를 자르면 하얀 고무액이 나오지. 하지만 지금은 고무를 얻기 위해서가 아니라, 관상용으로 주로 심어.

115

가문비나무

가문비나무는 우리에게도 친숙한 소나뭇과의 나무야. 주로 높은 지대의 추운 곳에서 자라.

마인크래프트에서 가문비나무는 타이가 생물 군계나 산, 눈 덮인 타이가, 거대 나무 타이가 생물 군계에서 자라. 거대 나무 타이가 생물 군계에서는 거대 가문비나무가 생성되지.

소나무

잎이 뾰족한 침엽수인 소나무는 사시사철 푸르른 상록 교목으로, 우리나라 각지에서 볼 수 있어. 우리나라 나무 중에 가장 넓은 분포 면적을 갖고 있고 개체 수도 가장 많아. 애국가에도 등장할 만큼 우리나라를 상징하는 대표적인 수목이지.

기본 데이터
- 분류: 구과목 소나뭇과
- 높이: 15~45m
- 서식 기후: 서늘한 기후
- 분포 지역: 한국, 일본, 중국 북동부

지식+ 소나무의 쓰임새

소나무는 예로부터 기둥, 서까래, 대들보 등 건축재로 쓰였어. 특히 우리나라는 연교차가 큰 기후 때문에 소나무의 목질이 단단하고 잘 썩지 않아. 그래서 궁궐이나 사찰을 짓는 데 쓰였지. 요즘에는 관상용으로 많이 심어.

벼슬을 받은 소나무가 있다?

조선 시대 세조 임금이 가마를 타고 행차를 하던 중, 가마가 소나무 아래를 지나가자 소나무가 스스로 가지를 위로 들었다고 해. 세조는 이 소나무에 정이품 벼슬을 내렸고, 이후 '정이품송'이라 불리고 있지. 정이품은 오늘날 장관에 해당하는 높은 벼슬이야. 지금도 충청북도 보은군에서 정이품송을 볼 수 있어.

제 5 장 나무와 목재

대나무

속이 비어 있는 원통형의 긴 줄기가 밀집해 자라는 것이 특징이야. 전 세계적으로 1,200여 종이 있는데, 우리나라에는 14종이 자라.

마인크래프트에서 대나무는 정글 생물 군계에서만 자라. 판다의 먹이 혹은 높은 건물을 지을 때 필요한 비계의 재료로 쓰이지.

대나무

기본 데이터
- 분류: 벼목 볏과
- 높이: 10~20m
- 서식 기후: 온난하고 습한 기후
- 분포 지역: 아시아 각지

이름에 '나무'가 들어가 있지만, 대나무는 나무가 아닌 볏과에 속하는 여러해살이풀이야. 자라는 과정에서 줄기가 단단해진 것으로, 길게 뻗어 있는 초록색 부분이 줄기인 셈이지. 자라는 속도가 엄청나게 빨라서 하루에 60센티미터에서 최대 100센티미터까지도 자란다고 해.

대나무 죽순

죽순은 대나무의 땅속줄기 마디에서 돋아나는 어린싹을 말해. 단백질과 비타민 B군의 함량이 풍부한 영양 만점의 식재료지. 죽순은 비가 오고 나면 순식간에 널리 퍼져 솟아나는데, 이런 죽순처럼 갑자기 어떤 일이나 현상이 동시에 일어나는 것을 보고 '우후죽순'이라고 해.

네더의 나무

불과 용암이 가득한 지옥을 닮은 네더는 현실에는 없고 마인크래프트에서만 존재하는 세계야. 놀랍게도 이곳에서도 식물이 자라지.

진홍빛 숲은 네더에 있는 숲 생물 군계야. 검붉은 안개가 자욱하고 숲의 바닥은 대부분 진홍빛 네사체로 덮여 있지. 곳곳에 진홍빛 균과 진홍빛 뿌리 등이 자라고, 호글린, 피글린 등이 나타나. 하지만 걱정하지 마. 현실 세계에는 존재하지 않는 곳이니까.

지식+ 진홍빛 자루와 뒤틀린 자루

진홍빛 자루와 뒤틀린 자루는 독특한 색을 띠고 있어. 목재로 사용해서 울타리나 문, 계단 등에 쓰면 한층 더 멋있는 집을 지을 수 있어.

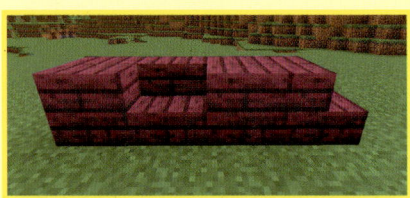

뒤틀린 숲은 안전해!

네더에는 뒤틀린 숲 생물 군계도 있어. 뒤틀린 숲은 청록색을 띠고 있는데, 이곳에서는 엔더맨과 스트라이더만 생성되어서 네더의 다른 생물 군계보다 비교적 안전해.

제6장
땅에 사는 동물

스스로 양분을 만드는 식물과 달리 다른 생물로부터 양분을 얻어 살아가는 생물을 동물이라고 해. 동물이 사는 환경에 따라 크게 땅에 사는 동물과 물에 사는 동물로 나뉘어. 땅에 사는 동물에는 포유류, 조류, 파충류, 곤충류 등이 있지. 마인크래프트와 현실 속 동물의 모습을 한번 비교해 볼까?

동물의 비밀을 파헤쳐 보자!

소

일찍부터 가축으로 사육되어 온 동물이야. 농경 사회에서는 밭을 갈고 짐을 나르는 중요한 노동력이었지.

마인크래프트에서는 수컷과 암컷 구분 없이 모든 소에게 양동이를 사용하면 우유를 얻을 수 있어. 우유를 마시면 상태 효과가 제거되기 때문에 꼭 필요한 아이템이지.

소

솟과의 포유류로, 풀을 먹는 초식 동물이야. 네 개의 위가 있어서 한 번 삼킨 것을 되새김질하여 많은 영양분을 흡수하지. 고기나 우유는 식용으로, 가죽이나 뿔도 여러 가지로 이용해. 사진 속 얼룩무늬 젖소는 홀스타인종이야.

기본 데이터

- 분류: 소목 솟과
- 몸높이: 140~150cm
- 무게: 600~700kg
- 주요 서식지: 세계 각지

저지

영국 저지섬이 원산지로, 몸집이 작은 것이 특징이야. 이 소에서 짜낸 우유는 특히 맛이 좋아서 버터나 치즈 같은 유가공품의 원료로 쓰여.

제 6 장 땅에 사는 동물

물소

기본 데이터
- 분류: 소목 솟과
- 몸높이: 150~190cm
- 무게: 700~1,200kg
- 주요 서식지: 아시아

이름처럼 주로 물에서 지내는 물소는 강 근처나 늪에서 무리 지어 살아. 소 중에서도 몸집이 크고, 머리에 1.5미터나 되는 긴 뿔이 나 있는 것이 특징이지.

누

아프리카에 서식하는 솟과 동물이야. 주로 습기가 있는 초원에 사는데, 풀을 찾아서 무리를 이루어 1,600킬로미터가 넘는 거리를 이동해. 암컷과 수컷 모두 뿔이 나 있어.

앵거스

털이 검고 뿔이 없는 것이 특징이야. 주로 고기를 얻기 위해 미국에서 많이 사육하는 종이야.

지식+ 음식과 도구의 재료로 쓰여!

소고기는 스테이크 등 요리의 재료로 활용되고, 소가죽은 가방이나 지갑 등 가죽 소품을 만드는 데 쓰여.

양

마인크래프트에서 양에게 가위를 사용하면 부드러운 양털을 얻을 수 있어. 양털은 침대를 만드는 재료로 쓰이지. 물론 양고기를 먹을 수도 있어.

마인크래프트에서 검은 양과 흰 양을 교배하면 회색 양이 태어나. 또 염료를 사용해서 양털에 원하는 색깔을 입힐 수도 있지.

양

양은 주로 떼를 지어 살며 높은 곳에 올라가기를 좋아하는 온순한 성질의 동물이야. 주로 '울'이라고 불리는 양모를 얻기 위해서 가축화하여 키우지.

기본 데이터
- 분류: 소목 솟과
- 몸높이: 120cm
- 무게: 45~95kg
- 주요 서식지: 세계 각지

메리노

메리노종의 양털은 부드럽고 따뜻해서 최고급 양모로 여겨. 오스트레일리아에서 생산되는 메리노 양모는 세계 최고의 품질을 자랑하지.

지식+ 유목 민족의 고기

양고기는 원래 유목 생활을 하던 민족이 즐겨 먹었어. 소고기와 돼지고기만큼은 아니지만, 최근 우리나라에서도 양꼬치, 양갈비 등 양고기를 즐기는 사람이 늘었어. 특유의 냄새가 나는 것이 특징이야.

제6장 땅에 사는 동물

돼지

돼지는 주로 고기를 이용할 목적으로 기르는 동물이야. 마인크래프트에서도 대부분 먹기 위해 기르지.

마인크래프트에서 돼지는 고기 말고는 얻을 수 있는 것이 없어서 소나 양에 비해 적게 사육되는 편이야. 안장을 씌우면 등에 탈 수 있는데, 당근 낚싯대로 조종할 수 있어.

돼지

멧돼지를 가축화한 것으로, 잡식성 포유동물이야. 뚱뚱한 몸, 앞으로 툭 튀어나온 주둥이, 납작한 코가 특징이야. 돼지고기는 세계 여러 나라에서 흔하게 먹지만, 이슬람교에서는 돼지고기를 금기시하고 있어.

제 6 장 땅에 사는 동물

기본 데이터
- 분류: 소목 멧돼지과
- 몸높이: 80~120cm
- 무게: 200~340kg
- 주요 서식지: 세계 각지

돼지는 당근을 좋아할까?

마인크래프트에서는 돼지에게 당근을 주면 번식시킬 수 있고, 당근을 매단 낚싯대로 조종할 수도 있어. 그런데 정말 돼지는 당근을 좋아할까? 실제 돼지는 잡식성이라 다 잘 먹어. 구근이나 나무뿌리를 파먹는 습성이 있어서 당근도 좋아할지 몰라.

지식+ 값싸고 맛있는 돼지고기

돼지고기는 소고기보다 저렴한 가격에 살 수 있고 맛도 좋아서 널리 사랑받고 있어. 마인크래프트에서는 익히지 않은 고기도 먹을 수 있지만, 실제로 그랬다가는 병에 걸릴 수 있으니 잘 익혀 먹어야 해.

말

자동차가 발명되기 전까지 교통수단의 역할을 담당하며 인류에게 많은 도움을 준 동물이야. 평균 시속은 50킬로미터로 꽤 빠른 편이지.

마인크래프트에서 말은 길들이면 타고 다닐 수 있어. 일곱 가지 색과 다섯 종류의 무늬 말이 있으니 마음에 드는 색과 무늬의 말을 골라서 길들여 봐.

말

요즘에는 주로 경마나 승마용으로 사육되고 있어. 말의 다리는 빨리 달리기에 알맞아. 앞다리는 체중을 지탱하고 충격을 흡수하고, 뒷다리는 달릴 때 추진력을 담당하지. 사진은 말의 품종 중 하나인 서러브레드야. 달리기가 매우 빨라서 경마용으로 쓰이지.

기본 데이터
- 분류: 말목 말과
- 몸높이: 157~173cm
- 무게: 450~500kg
- 주요 서식지: 세계 각지

지식+ 말고기도 먹을 수 있어!

말고기에는 지방이 적고 단백질이 많아. 우리나라에서는 말고기를 흔하게 먹지는 않지만, 제주도에서는 말고기를 맛볼 수 있어. 육회로 즐기기도 하지.

당나귀

말과 비슷하게 생겼지만, 말보다 체구가 작고 속도가 느려. 말은 주로 사람이 타고, 당나귀는 짐을 실어 나르는 용도로 쓰였지.

기본 데이터
- 분류: 말목 말과
- 몸높이: 100~150cm
- 무게: 100~450kg
- 주요 서식지: 세계 각지

노새

수컷 당나귀와 암컷 말 사이에서 태어났어. 당나귀의 인내력과 말의 강인한 다리를 지녀서 무거운 짐을 나를 수 있지. 하지만 스스로는 번식하지는 못해.

기본 데이터
- 분류: 말목 말과
- 몸높이: 약 100cm
- 주요 서식지: 세계 각지

제6장 땅에 사는 동물

얼룩말

초원이나 사바나에서 무리를 지어 생활해. 흰색 또는 엷은 황색 바탕에 검은색 줄무늬가 있어. 사진은 채프먼얼룩말이야.

포니

포니는 발끝에서 어깨까지의 높이가 147센티미터 이하인 작은 말을 가리켜. 몸집은 작지만 튼튼하고 인내심이 강하지.

고양이

고양이는 개와 더불어 많은 사람의 반려동물로 사랑받는 동물이야. 마인크래프트에서도 마을 주변을 돌아다니는 길고양이를 쉽게 볼 수 있어.

마인크래프트의 적대적 몹인 크리퍼와 팬텀은 고양이를 두려워해서 일정 거리만큼 떨어져 있어. 고양이와 함께 다니면 안전하겠지?

고양이

고양이는 리비아살쾡이를 가축화한 동물이야. 고대 이집트에서는 신성한 동물로 여겨졌지. 현재 전 세계 2억 마리 넘게 반려동물로 길러지고 있으며, 70종이 넘는 품종이 있어.

기본 데이터
- 분류: 식육목 고양잇과
- 몸높이: 25~30cm
- 무게: 3~5kg
- 주요 서식지: 세계 각지

벵갈고양이

표범을 떠올리게 하는 털 무늬가 특징이야. 원산지는 미국으로, 야생 살쾡이와 집고양이를 교배시켜 만든 품종이지. 성격이 활발하고 사람에게 친근하며 애교가 많아서 인기가 높아.

기본 데이터
- 분류: 식육목 고양잇과
- 몸높이: 23~30cm
- 무게: 3~7kg
- 주요 서식지: 세계 각지

제6장 땅에 사는 동물

고양이가 좋아하는 장소

마인크래프트에서 고양이는 침대, 화로나 상자 위를 좋아해. 특히 상자에 올라가 있으면 상자를 열 수 없어 곤란하지.

페르시아고양이

이란이 원산인 품종으로, 길고 풍성한 털과 짧은 다리가 특징이야. 아름다운 외모에 성격이 차분해서 '고양이계의 귀부인'이라는 별명이 있어. 다만 털 날림이 심하고 엉키기 쉬워서 잘 관리해 주어야 해.

먼치킨

'작다'는 뜻을 가진 먼치킨은 짧은 다리가 귀여운 종이야. 사교적인 성격으로 호기심이 많아.

지식+ 고양이들의 천국, 바닷가 마을

바닷가 마을에는 고양이가 좋아하는 물고기가 많아서인지 길고양이가 많아. 우리나라 전남 고흥군 애도, 경남 남해시 욕지도, 부산 해운대 청사포에 가면 많은 길고양이를 만날 수 있어.

길고양이를 길들이자

마인크래프트에서 고양이에게 생대구나 생연어를 주면 목줄이 생기고 길들일 수 있어. 길들인 고양이는 앉아 있게 하거나 주인을 따라오게 할 수 있어.

늑대

삼림 지대에 서식하는 갯과의 육식 동물이야. 숲이나 타이가 등 나무가 있는 곳에서 무리 지어 나타나.

마인크래프트에서 늑대는 플레이어에게는 중립적이어서 먼저 공격하지 않으면 적대적으로 대하지 않아. 늑대는 근처에 있는 토끼나 여우, 양 등을 공격하는데, 라마의 경우 반대로 늑대를 공격하지.

늑대

'아우~' 하고 길게 울부짖는 소리로 멀리 떨어진 무리와도 의사소통을 할 수 있어. 오른쪽 사진은 '시베리아늑대'라고도 부르는 툰드라늑대야. 늑대 중에서도 몸집이 큰 편이지.

기본 데이터
- 분류: 식육목 갯과
- 몸길이: 112~137cm
- 무게: 약 35~50kg
- 주요 서식지: 시베리아

늑대는 든든한 동료!

지식+ 개와 늑대의 관계

겉모습이 꼭 닮은 개와 늑대는 어떤 관계가 있을까? 가축으로 길들여진 늑대가 바로 개야. 개도 고양이처럼 주로 반려동물로 사람과 함께 살지. 개와 늑대는 친척 사이로 둘의 유전자는 99.96퍼센트 일치한다고 해.

마인크래프트에서 늑대를 발견하면 다가가서 뼈를 건네 봐. 늑대 주변에 하트 모양이 뜨면서 목줄이 생기면 길들여졌다는 뜻이야. 길들인 늑대는 주인을 공격하는 플레이어나 몹을 함께 공격해 주는 든든한 존재지.

제 6 장 땅에 사는 동물

판다

일반적으로 판다라고 하면 대왕판다를 가리켜. 귀여운 모습 덕분에 많은 사람에게 사랑받고 있지.

마인크래프트에서도 판다를 볼 수 있어. 게으른 판다, 걱정 많은 판다, 놀이를 좋아하는 판다, 공격적인 판다 등 여러 가지 개성을 갖고 있어.

대왕판다

중국 북서부 지역에 서식하는 곰과 동물이야. 원래 그 수가 매우 적어서 멸종위기종이었지만, 개체 수가 증가해서 현재는 멸종 취약종으로 변경되었어. 대나무를 주로 먹는데, 하루 평균 9~14킬로그램을 먹지.

기본 데이터
- 분류: 식육목 곰과
- 몸길이: 120~150cm
- 무게: 70~130kg
- 주요 서식지: 중국

제 6 장 땅에 사는 동물

판다 서식지

마인크래프트에서 판다는 대나무 정글 생물군계에서 볼 수 있어. 일반적으로 검은색과 하얀색이지만, 갈색과 하얀색인 희귀 변종도 있지.

레서판다

레서란 '작다'라는 뜻으로, 그 이름처럼 대왕판다에 비해 몸집이 작은 판다야. 몸 전체가 붉은빛 털로 덮여 있고 줄무늬가 있는 긴 꼬리가 있어. 외모는 너구리와 비슷하지만, 판다처럼 대나무를 먹지.

북극곰

북극 지방에 사는 곰이야. 몸 전체가 새하얀 털로 덮여 있는데, 영하 40도의 추위도 견딜 수 있지.

마인크래프트에서 북극곰은 눈 덮인 툰드라 생물 군계에 살아. 길들일 수는 없으며, 죽으면 생대구나 생연어를 떨어뜨려.

북극곰

북극곰은 몸길이 2미터, 무게 400킬로그램이 넘는 세계에서 가장 큰 곰 중 하나야. 귀여운 얼굴과 달리 성격이 포악하고 공격성이 높아. 주로 물고기나 바다표범, 바닷새 등을 먹지.

기본 데이터
- 분류: 식육목 곰과
- 무게: 170~800kg
- 몸길이: 200~300cm
- 주요 서식지: 북극권

반달가슴곰

기본 데이터
- 분류: 식육목 곰과
- 몸길이: 100~150cm
- 무게: 40~150kg
- 주요 서식지: 아시아

가정적인 북극곰

북극곰은 모성애가 무척 강해서 새끼 북극곰 주변에 늘 어미 곰이 있어. 새끼 주변에 다가가면 적으로 생각해서 공격하지. 마인크래프트에서도 북극곰은 중립 상태지만, 새끼 곰에게 플레이어가 다가가면 적대적으로 변해.

가슴에 흰 초승달 무늬가 특징이야. 우리나라 전역에 살았지만, 멸종 직전에 이르러 2004년부터 복원 사업을 시작했어. 지금은 지리산, 설악산 등지에 80마리 이상 살고 있어.

염소

염소는 험준한 산에 서식하는 초식 동물이야.
마인크래프트에서도 산악 생물 군계에 살지.

마인크래프트에서 염소는 점프력이 좋아서 10블록 높이로 점프해. 염소의 고기나 가죽은 얻을 수 없고, 우유만 얻을 수 있어. 나무나 단단한 블록에 부딪히면 염소 뿔을 떨어뜨리기도 하지.

염소

야생의 들염소를 가축화한 동물이야. 산악 지대에 서식하던 야생의 성질이 남아 있어서 혹독한 기후나 험준한 땅에서도 잘 자라. 오른쪽 사진은 자넨종인데, 자넨의 젖은 독특한 맛과 향이 나지만, 영양이 풍부해.

기본 데이터
- 분류: 소목 솟과
- 몸높이: 60~75cm
- 무게: 60~70kg
- 주요 서식지: 스위스 자넨 지방

앙고라염소

튀르키예의 앙카라 지방에 주로 사는 염소야. 앙고라염소에서 채취한 털을 '모헤어'라고 부르는데, 광택이 흐르며 내구성이 강해.

흑염소

우리나라 재래 토종 염소로, 몸의 털이 까만 것이 특징이야. 성질이 온순하고 아무거나 잘 먹으며 추위에 강해. 고기 맛이 좋고 영양이 풍부해서 요리의 재료로 쓰거나 약으로 쓰이지.

제 6 장 땅에 사는 동물

토끼

깡충깡충 뛰는 모습이 귀여운 토끼는 위로 쫑긋 솟은 긴 귀와 짧은 꼬리가 특징이야.

마인크래프트에서 토끼는 서식하는 생물 군계에 따라서 색이 달라. 죽으면 토끼 고기와 토끼 가죽을 얻을 수 있고, 드물게 토끼 발을 떨어뜨리기도 하지.

토끼

토끼는 크게 굴을 파고 사는 굴토끼와 굴을 파지 않는 멧토끼로 나뉘어. 초식 동물인 토끼는 포식자를 피하려고 작은 소리도 놓치지 않기 위해서 귀가 길게 발달했어. 또 큰 귀는 몸의 열을 빠르게 발산해서 체온을 조절하기도 하지. 사진은 비교적 귀가 짧은 네덜란드드워프야.

기본 데이터
- 분류: 토끼목 토낏과
- 몸길이: 30~50cm
- 무게: 약 0.5~1.6kg
- 주요 서식지: 네덜란드 등지

멧토끼

오래전부터 우리나라 전 지역에서 서식해 온 야생 토끼야. 집토끼와 달리 굴을 파지 않고, 덤불이나 나무 밑 등에서 나무껍질이나 풀, 콩 등을 먹고 살아. 해마다 그 수가 줄어서 현재 멸종 위기 등급 관심 대상으로 지정되어 있어.

여우

늑대와 같은 갯과이지만, 몸집이 늑대보다 더 작고 가늘며, 뾰족한 주둥이를 갖고 있어.

밤에 주로 나타나는 야행성 몹으로, 타이가 생물 군계에 살아. 종종 에메랄드, 달걀, 깃털 같은 아이템을 입에 물고 다니지. 길들일 수는 없지만 달콤한 열매를 주면 번식시킬 수 있어.

갯과의 포유류로 잡식성 동물이야. 노란빛을 띤 옅은 갈색 털과 풍성한 털로 덮인 꼬리가 특징이지. 주로 추운 지역에 사는 여우는 털이 풍성한 꼬리를 몸에 감싸서 몸을 따뜻하게 유지해. 오른쪽 사진은 일본 홋카이도 지역에 사는 북방여우야.

기본 데이터
- 분류: 식육목 갯과
- 몸길이: 60~80cm 무게: 3~10kg
- 주요 서식지: 일본 홋카이도

붉은여우

여우 중에서 가장 개체 수가 많은 종으로, 보통 여우라고 하면 이 붉은여우를 가리켜. 이름처럼 붉은색이 감도는 갈색 털이 특징이지. 유라시아 대륙에서부터 북미 대륙에 이르는 광활한 지역에 걸쳐 서식하고 있어.

북극여우

북유럽, 그린란드, 아이슬란드 등 북극권에 사는 북극여우는 눈처럼 새하얀 털을 가졌어. 추위에 강해서 영하 70도에서도 살아남을 수 있지. 마인크래프트에서는 눈 덮인 타이가에서 볼 수 있어.

제6장 땅에 사는 동물

땅에 사는 동물
암탉은 강해

닭

가장 흔하고 널리 퍼져 있는 가축 중 하나야. 현재 전 세계에서 사육 중인 닭의 수가 다른 모든 조류의 수를 합친 것보다 많다고 해.

닭은 마인크래프트에서도 흔히 볼 수 있어. 닭이 낳은 알을 던지면 일정 확률로 병아리가 나오지. 닭 두 마리에게 씨앗을 주면 번식시킬 수 있어.

닭은 기원전 6~7세기경부터 사육되었어. 머리에 벼슬이 있고, 부리 아래에는 붉은색 피부가 늘어진 것이 특징이지. 닭은 조류이지만 한 번에 몇 미터밖에 날 수 없는데, 가축화되면서 날개가 퇴화했기 때문이야.

기본 데이터
- 분류: 꿩목 꿩과
- 몸길이: 50~70cm
- 무게: 0.8~2kg
- 주요 서식지: 세계 각지

지식+ 닭을 몇 마리나 먹을까?

닭고기와 달걀 모두 식용으로 널리 사랑받고 있어. 전 세계에서 한 해 무려 약 660억 마리의 닭이 도축된다고 해. 우리나라도 한 해 1인당 닭 소비량이 약 26마리에 달해.

닭이 매일 알을 낳는 이유

야생의 닭은 일 년에 평균 36개의 알을 낳지만, 농장에서 키우는 닭은 거의 매일 알을 낳아. 왜 그럴까? 닭은 알을 낳으면 부화시키려는 본능이 있는데, 알을 사람이 가져가기 때문에 알을 계속 낳는 거야.

제 6 장 땅에 사는 동물

앵무새

인간의 말이나 소리를 흉내 낼 수 있는 새로, 반려동물로 많이 기르지. 마인크래프트에서는 정글에서 볼 수 있어.

마인크래프트에서 앵무새는 씨앗을 주면 길들일 수 있는데, 번식은 시킬 수 없어. 쿠키를 먹으면 죽기 때문에 조심해야 해.

앵무새

앵무새는 인간의 말을 곧잘 따라 하는데, 이것은 무리 속에서 동료들의 목소리를 따라 하며 의사소통을 하던 습성이 남은 거야. 하지만 모든 앵무새가 말할 수 있는 것은 아니지. 오른쪽 사진은 인도네시아 섬의 열대 우림에 서식하는 흰유황앵무새야.

기본 데이터
- 분류: 앵무목 앵무과
- 몸길이: 약 46cm
- 무게: 500~630g
- 주요 서식지: 인도네시아

앵무새 길들이기

마인크래프트에서 앵무새를 길들이면 플레이어의 어깨에 앉는데, 양쪽 어깨에 앵무새를 한 마리씩 올릴 수 있어. 또한 앵무새는 크리퍼의 지지직거리는 소리처럼 근처에 있는 몹의 소리를 흉내 내지.

왕관앵무

뺨에 동그랗고 빨간 무늬가 있는 것이 특징이야. 오스트레일리아가 원산국이지만, 우리나라에서도 반려동물로 인기가 높아.

기본 데이터
- 분류: 앵무목 앵무과
- 몸길이: 30~35cm
- 무게: 70~120g
- 주요 서식지: 오스트레일리아

박쥐

박쥐는 밤이 되면 활동을 하는 야행성으로, 주로 동굴에서 살아. 마인크래프트에서도 동굴에서 볼 수 있지.

마인크래프트의 동굴에서 울음소리를 내면서 날아다녀. 죽여도 얻을 수 있는 아이템도 없고, 경험치도 얻을 수 없으니 무시해도 좋아.

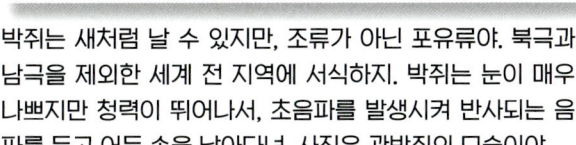

기본 데이터
- 분류: 박쥐목 관박쥣과
- 몸길이: 6.3~8.2cm
- 무게: 17~35g
- 주요 서식지: 유럽, 아시아

박쥐는 새처럼 날 수 있지만, 조류가 아닌 포유류야. 북극과 남극을 제외한 세계 전 지역에 서식하지. 박쥐는 눈이 매우 나쁘지만 청력이 뛰어나서, 초음파를 발생시켜 반사되는 음파를 듣고 어둠 속을 날아다녀. 사진은 관박쥐의 모습이야.

박쥐는 무얼 먹을까?

박쥐는 보통 나방, 파리, 딱정벌레 등의 곤충을 먹고 살아. 그런데 열매 또는 작은 동물을 먹거나, 심지어 돼지나 소 같은 동물의 피를 빨아먹는 박쥐도 있어.

집박쥐

애기박쥣과에 속하며 몸집이 작아. 집박쥐는 동굴이 아닌 사람들의 주거 공간에 함께 사는데, 과거에는 한옥의 서까래나 벽틈에 살았어. 하지만 현재는 사람들의 주거 환경이 바뀌면서 서식지를 잃고 있지.

제 6 장 땅에 사는 동물

벌

꽃을 찾아다니며 꿀을 모으는 벌은 몸 끝에 독침을 갖고 있어서 적이 나타나면 쏘지.

마인크래프트의 꿀벌은 중립적인 몹이야. 하지만 공격하거나 벌집을 파괴하면 근처의 모든 꿀벌이 적대 모드로 바뀌어서 플레이어를 쏘지. 벌에게 쏘이면 독 상태가 돼.

꿀벌

꿀벌은 인간이 오랜 옛날부터 사육해 왔어. 이처럼 꿀을 얻기 위해 벌을 기르는 것을 '양봉'이라고 해. 꿀벌의 몸통은 검은색과 노란색의 선명한 줄무늬로 이루어져 있어. 한 마리의 여왕벌을 중심으로 꿀을 따다 나르는 여러 마리의 일벌이 모여 집단생활을 하지.

기본 데이터
- 분류: 벌목 꿀벌과
- 몸길이: 약 1~2cm
- 주요 서식지: 한국, 중국, 일본

어리호박벌

몸이 오동통하며 가슴에 북실북실 난 털이 특징이야. 암컷은 독침이 있지만, 수컷은 없어. 꿀벌과 달리 집단으로 살지 않고, 혼자서 생활하거나 암수 단둘이 살아.

제주왕바다리

말벌과 생김새가 비슷하지만 몸통이 가늘어. 나비나 나방의 애벌레를 잡아먹고 살지. 우리나라에서는 제주도에서만 볼 수 있어.

제7장
물에 사는 동물

지구 표면의 약 70퍼센트를 차지하는 바다에는 수많은 동물이 살고 있어. 먹이가 풍부하고 육지에 비해 온도 변화가 심하지 않아서 동물들에게 안정적인 서식지야. 또 바다가 아닌 강이나 호수에도 많은 동물이 살고 있어.

깊은 바닷속에는 어떤 동물이 살고 있을까?

물에 사는 동물
때리가 좋아

돌고래

얼굴이 웃고 있는 것처럼 보이는 귀여운 돌고래는 무리를 지어 바다를 헤엄쳐.

마인크래프트에서 돌고래는 언 바다를 제외한 모든 바다 생물 군계에 무리 지어 서식해. 생대구나 생연어 등 먹이를 줘서 친해지면 가까운 난파선이나 해저 폐허로 안내해 주지.

고래 중에서 이빨이 있는 고래를 '돌고래'라고 해. 돌고래는 바닷속에 살지만 어류가 아닌 포유류라서 알이 아닌 새끼를 낳고 젖을 먹이지. 사진은 돌고래 중 가장 몸집이 큰 큰돌고래야.

돌고래

기본 데이터
- 분류: 고래목 참돌고랫과
- 몸길이: 약 2.5~4m
- 무게: 200~600kg
- 주요 서식지: 전 세계 바다

지식+ 똑똑한 돌고래

돌고래는 지능이 높은 동물로 알려져 있어. 평균 아이큐가 80 정도로, 사람으로 치면 여덟 살 정도의 수준이야. 무리 내에서 다양한 소리와 몸짓을 통해 의사소통이 가능하고, 도구를 이용하여 문제를 해결하거나 학습을 하기도 하지.

바다의 소, 듀공

듀공은 돌고래와 비슷하게 생겼지만, 분류학상으로는 전혀 다른 생물이야. 해초를 뜯어 먹고 살며 느릿느릿 움직여서 '바다소'라고도 불려. 환경 오염과 밀렵 등으로 현재 멸종 위기에 처해 있어.

제7장 물에 사는 동물

열대어

열대어란 열대 지방의 따뜻한 바다에 사는 물고기를 말해. 대부분 크기가 작고 색이 화려하고 아름다워서 관상용으로 키우지.

마인크래프트에는 무려 2,000종이 넘는 다채로운 생김새와 색깔의 열대어가 있어. 크기와 색, 무늬가 무작위로 섞여 생성돼서 생김새도 아주 다채로워.

흰동가리

영화 <니모를 찾아서>로 알려진 열대어야. 주황색 바탕에 흰색 세로 줄무늬가 있지. 말미잘과 공생하며 살아.

기본 데이터
- 분류: 농어목 자리돔과
- 몸길이: 약 8cm
- 주요 서식지: 태평양, 인도양

노랑양쥐돔

몸 전체가 선명한 노란색의 열대어로, '옐로탱'이라고도 불러. 주둥이가 길고 뾰족하며 꼬리지느러미 부분에 침이 있어. 예쁜 색 때문에 관상용으로 인기가 많아.

기본 데이터
- 분류: 농어목 양쥐돔과
- 몸길이: 15~20cm
- 주요 서식지: 인도양, 태평양 등지

148

아네모네

파푸아 뉴기니의 해역에 서식하는 흰동가리와 생김새가 무척 닮은 열대어야. '크라운 아네모네 피시'라고도 부르지.

기본 데이터
- 분류: 농어목 자리돔과
- 몸길이: 8~12cm
- 주요 서식지: 파푸아 뉴기니

깃대돔

검은색과 노란색의 줄무늬에 긴 깃대 같은 등지느러미를 지녔어. 길고 뾰족한 주둥이가 튀어나온 것이 특징이야.

기본 데이터
- 분류: 농어목 깃대돔과
- 몸길이: 10~15cm
- 주요 서식지: 태평양, 인도양

베타

파란색과 빨간색의 다채로운 색상과 꽃잎처럼 아름다운 지느러미로 유명해. 수컷끼리는 서로 물어뜯으며 격렬하게 영역 다툼을 하지.

기본 데이터
- 분류: 농어목 버들붕엇과
- 몸길이: 4~7cm
- 주요 서식지: 태국

연어

연어는 강에서 태어나 바다로 가서 살아. 그러다가 산란기가 되면 자신이 태어났던 강으로 다시 돌아와서 알을 낳지.

마인크래프트에서 연어는 차가운 바다와 강에서 모두 볼 수 있어. 낚시로 잡거나, 헤엄치는 연어를 직접 공격해서 잡을 수도 있지.

홍연어

평소에는 몸이 은색이지만, 산란기가 되면 암수 모두 머리만 빼고 몸 전체가 붉게 변해. 1,600킬로미터 이상을 거슬러 강으로 가서 알을 낳는데, 알을 낳은 후 몇 주 이내에 죽고 말지.

기본 데이터
- 분류: 연어목 연어과
- 몸길이: 약 80cm
- 주요 서식지: 북태평양, 베링해, 오호츠크해

연어는 차가운 바다를 좋아해

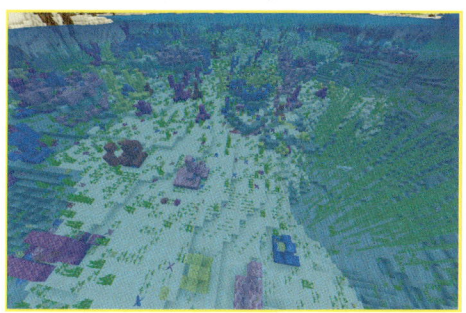

실제로 연어는 주로 추운 지역에 서식해. 마인크래프트에서도 따뜻한 바다에서는 연어를 찾아볼 수 없어.

은연어

이름처럼 몸이 은빛을 띤 연어야. 북태평양과 캘리포니아 등지에 살지. 맛이 좋은 데다가 성장도 빨라서 양식 어종으로 주목받고 있어.

제 7 장 물에 사는 동물

대구

입이 커서 '대구(大口)'라고 불러. 맛이 비리지 않고 담백해서 많은 사람이 즐겨 먹는 생선이야.

마인크래프트에서는 따뜻한 바다를 뺀 모든 바다에서 4~7마리가 무리 지어 나타나.

대구

차갑고 깊은 바다에서 떼 지어 살아. 겨울에 산란을 하는데, 한 마리가 약 200만 개가 넘는 많은 알을 낳아. 겨울철 대구는 맛이 좋기로 유명해. 사진은 우리나라에서도 잡히는 태평양대구야.

기본 데이터 ● 분류: 대구목 대구과 ● 몸길이: 약 100cm ● 주요 서식지: 북태평양

지식+ 피시 앤 칩스

피시 앤 칩스는 대구와 같은 흰살 생선에 두툼하게 튀김옷을 입혀 튀겨 내고, 길게 썬 감자를 튀겨 만든 영국의 대표 요리야. 19세기 중반부터 먹기 시작하여 현재까지 영국의 많은 사람이 즐기는 서민적이고 대중적인 음식이지.

바다 밑바닥에 사는 대구

대구는 수심 200~300미터의 깊은 바다 밑바닥에 살아. 마인크래프트에서도 대구를 찾으려면 바다 밑바닥으로 내려가야 해!

복어

복어는 독을 가지고 있는 위험한 물고기야. 그래서 우리나라에서 복어를 조리하려면 특별한 자격증이 필요해.

마인크래프트에서 복어는 낚시로 잡을 수 있어. 가디언과 엘더 가디언이 죽으면서 낮은 확률로 복어를 떨어뜨리기도 하지. 오실롯에게 복어를 주면 길들일 수 있어.

가시복

몸에 나 있는 가시 때문에 이름 붙여졌어. 가시복은 독이 없는 대신, 위협을 느끼면 몸을 크게 부풀리고 밤송이처럼 가시를 세워서 자신을 지키지. 우리나라를 비롯한 따뜻한 바다에서 살아.

- 분류: 복어목 가시복과
- 몸길이: 약 30cm
- 주요 서식지: 세계 각지 온대 해역

무시무시한 복어 독

복어의 독은 사람의 목숨을 뺏을 만큼 아주 위험해. 마인크래프트에서도 복어를 먹으면 중독 상태에 빠지니까 먹으면 안 돼. 수중 호흡의 물약을 만드는 재료로만 사용하자.

개복치

좌우로 납작한 타원형 몸에 작은 눈과 입이 특징이야. 복어목에 속하지만, 독이 없어. 복어처럼 몸을 부풀리는 대신 몸집이 커졌다고 해. 길이 약 3미터, 무게 약 2톤으로 덩치가 크지만 온순한 성격이야.

제 7 장 물에 사는 동물

물에 사는 동물
신비한 빛

2025

어라?

동굴 속

횃불이 없어도 주변이 보이잖아?

오징어가 빛나고 있어!

번쩍

오, 저것은! 발광 오징어네.

물속으로 들어가 볼까?

잡아 보자!

윽, 눈앞이 새까매!

찌익

오징어 먹물에 당했네.

오징어

오징어는 길고 가는 여덟 개의 다리와 팔 역할을 하는 촉완 두 개가 있는 연체동물이야.

마인크래프트 속 오징어는 촉완이 없고 다리만 여덟 개야. 플레이어를 공격하지 않는 수동적인 몹이지.

흰오징어

'무늬오징어'라고도 해. 몸통 전체에 커다란 지느러미가 있어. 살아 있을 때는 몸통에 연한 갈색 줄무늬가 있지만, 죽으면 하얗게 변하지. 일반 오징어에 비해 값이 2~3배 비싸서 고급 식재료로 쓰여.

기본 데이터
- 분류: 오징어목 오징엇과
- 몸길이: 30~40cm
- 무게: 700~800g
- 주요 서식지: 한국, 일본, 인도

오징어 먹물 주머니

오징어는 적을 만나면 먹물을 쏘고 달아나. 마인크래프트에서도 오징어를 죽이면 '먹물 주머니'를 떨어뜨리는데, 염색하는 염료로만 쓰이기 때문에 굳이 죽일 필요는 없어.

살오징어

우리가 흔히 먹는 오징어야. 날로 먹기도 하고, 말리거나 젓갈로도 먹고 요리해 먹기도 하지. 낮에는 깊이 헤엄치고 밤에는 얕은 수심까지 올라와서 주로 밤에 잡아.

제7장 물에 사는 동물

아홀로틀

다른 파충류처럼 다리나 꼬리가 잘려도 다시 자라나는데, 아홀로틀은 심장과 뇌까지 재생할 수 있는 특별한 능력을 가졌어.

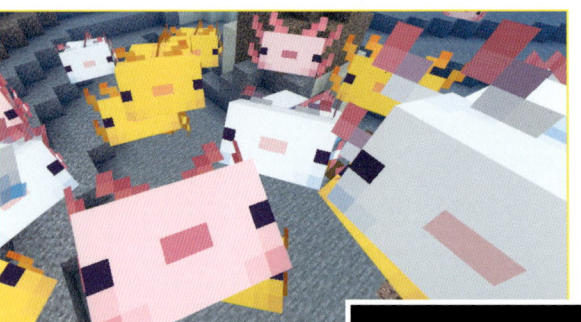

마인크래프트에서 무성한 동물 생물 군계에 서식해. 분홍색, 흰색, 노란색, 갈색 등 다양한 색의 아홀로틀이 있는데, 희귀한 확률로 파란색 아홀로틀이 태어나. 하지만 실제로 파란색 아홀로틀은 존재하지 않아.

아홀로틀

멕시코에 있는 호수에서 살아서 '멕시코 도롱뇽'이라고도 불려. 하지만 개발로 인해 호수가 메말라 아홀로틀의 개체 수가 급격히 감소했어. 현재 야생에서는 멸종 위기에 처해 있지.

기본 데이터
- 분류: 도롱뇽목 점박이도롱뇽과
- 몸길이: 10~25cm
- 주요 서식지: 멕시코

싸움꾼 아홀로틀

아홀로틀은 귀여운 얼굴과 달리 공격성이 강해서 다른 동물과 함께 키우는 것은 추천하지 않아. 마인크래프트 세계에서도 다른 생물과 종종 싸우곤 하지.

알비노아홀로틀

'알비노'란 유전성 질환으로 색소가 생기지 않는 개체를 말하는데, 대부분의 동물에서 나타나. 알비노아홀로틀은 새하얀 몸과 빨간 눈동자가 특징이지.

개구리

개구리의 알은 물속에서 부화하여 올챙이가 돼. 이후 개구리가 되면 물속뿐만 아니라 육지에서도 생활할 수 있지.

마인크래프트에서 개구리는 자란 생물 군계에 따라 몸 색이 주황색, 초록색, 하얀색 등으로 달라져. 개구리 두 마리에게 슬라임볼을 주면 개구리알을 낳아.

참개구리

주로 논에서 살아서 '논개구리'라고도 해. 우리나라에서 가장 흔히 볼 수 있는 개구리로, 몸에 커다란 검은 무늬가 있어. 일반적으로 암컷은 갈색, 수컷은 초록색을 띠지. 거미나 지네, 곤충 등을 먹고 살아.

기본 데이터
- 분류: 개구리목 개구릿과
- 몸길이: 약 4~9cm
- 무게: 700~800g
- 주요 서식지: 한국, 일본, 중국, 러시아 등지

올챙이

개구리의 새끼를 말해. 올챙이는 물속에서 꼬리로 헤엄치며 살지. 점차 자라면서 꼬리가 없어지고 네 개의 다리가 생겨 개구리가 돼.

제7장 물에 사는 동물

거북

지구상에 서식하는 파충류 중 가장 오래전부터 존재해 온 동물로, 등에 있는 단단한 딱지가 특징이야. 육지에 사는 땅거북과 바다에 사는 바다거북이 있어.

마인크래프트에서 거북 두 마리에게 해초를 먹이면 번식시킬 수 있어. 거북은 자신이 생성되었던 고향 해변으로 돌아가서 그곳 모래에서 알을 낳아. 일반 모래에서만 부화하지.

바다거북

바다에서 일생을 보내는 바다거북은 알을 낳을 때만 육지로 올라와. 알을 낳기 위해 자신이 태어난 바닷가로 돌아오지. 바다거북은 대체로 크기가 큰데, 바다거북 중 가장 작은 종인 올리브각시바다거북도 몸길이가 60센티미터가 넘어.

기본 데이터
- 분류: 거북목 바다거북과
- 등딱지 길이: 약 70~100cm
- 무게: 약 70~180kg
- 주요 서식지: 열대 해역

거북의 탄생

마인크래프트에서 거북 알이 부화되는 시간은 정확하지 않아. 일반적으로 5일이 걸리고, 빠르면 4일, 늦으면 7~8일까지 걸리기도 하지. 이 알에서 태어난 아기 거북이 다 자라면 인갑(등딱지)을 줘.

지식+ 바다거북의 알

바다거북은 보통 5월에서 7월 사이에 해안으로 올라와 모래에 알을 낳지. 주로 밤에 한 번에 120개 정도의 알을 낳는데, 부화하기까지 60일 정도 걸리지.

자라

하천이나 연못, 늪지와 같은 민물에서 살아. 생김새는 거북과 비슷하지만, 등딱지가 단단하지 않고 주둥이 끝이 길게 튀어나와 있어. 1~2년 동안 먹지 않아도 죽지 않을 만큼 생명력이 강해.

기본 데이터
- 분류: 거북목 자랏과
- 등딱지 길이: 약 15~35cm
- 무게: 약 7kg
- 주요 서식지: 한국, 중국, 일본, 베트남, 러시아 등지

거북 등딱지의 정체!

거북을 보호해 주는 단단한 등딱지는 갈비뼈와 척추, 어깨뼈, 엉덩이뼈 등 약 50개의 뼈가 합쳐져 둥근 모양으로 변한 거야.

갈라파고스땅거북

태평양 동부에 있는 화산섬 갈라파고스 제도에만 사는 땅거북이야. 세계에서 가장 큰 거북으로, 180살까지 살 만큼 장수하는 것이 특징이야.

붉은귀거북

눈 뒷부분에 선명한 빨간 줄이 있어서 이름 붙여졌어. 북미 지역이 원산지인데, 우리나라에서 반려동물로 인기가 높았어. 하지만 자연에 방생할 경우 생태계를 교란시킬 수 있어서 수입이 금지되었어.

제8장
편리한 도구

인류는 도구와 함께 발달해 왔어. 도구는 오늘날 문명과 첨단 기술을 창조하는 기초가 되었지. 마인크래프트 속 다양한 도구는 대부분 현실 세계에서도 실제로 쓰이고 있어. 어떤 점이 같고 어떤 점이 다른지 알아보자!

우리 생활에 도움이 되는 도구가 참 많구나.

곡괭이

주로 땅을 파거나 바위 표면을 깨거나 광석을 채굴하기 위한 도구야. 마인크래프트에서 필수적인 도구 중 하나지.

곡괭이는 마인크래프트에서 가장 많이 쓰이는 도구야. 모든 광석이나 블록을 채취하는 데 필요하지. 그러니 가장 먼저 만들어 두는 게 좋아.

기본 데이터

- 길이: 90~100cm
- 무게: 1~3kg
- 재질: 강철

양쪽 끝으로 갈수록 좁아지는 길고 뾰족한 날이 있는 괭이를 말해. 날은 강철로 되어 있고, 자루는 참나무 같은 단단한 목재로 만들어졌어. 주로 돌이 많은 단단한 땅이나 바위를 부수는 데 사용되지.

재질에 따른 차이

재질	공격력	공격 속도	내구도
나무	2	1.2	59
돌	3	1.2	131
철	4	1.2	250
금	2	1.2	32
다이아몬드	5	1.2	1561
네더라이트	6	1.2	2031

마인크래프트에서 나무로 만든 곡괭이로는 돌과 석탄밖에 캘 수 없어. 철이나 청금석을 캐려면 적어도 돌 곡괭이 이상, 금광석이나 다이아몬드, 에메랄드, 레드스톤을 캐려면 철 곡괭이보다 강도가 높은 도구가 필요해.

지식+ 한곳에 힘을 집중

곡괭이의 끝이 뾰족한 이유는 힘을 한곳에 집중시키기 위해서야. 끝이 뾰족하면 접촉면의 넓이가 작아져서 작은 힘으로 눌러도 큰 압력이 작용하여 단단한 바위도 쉽게 부술 수 있지. 못, 송곳, 압정, 주사기도 같은 원리야.

제8장 편리한 도구

괭이

인류가 고대부터 농기구로 사용한 도구 중 하나로, 땅을 파거나 흙을 고르는 데 쓰여. 농작물을 심기 전에 괭이로 먼저 밭을 갈아야 해.

괭이

마인크래프트에서 밀이나 수박, 감자 등 작물을 기르려면 먼저 괭이로 흙 블록이나 잔디 블록을 경작지로 바꿔야 해. 거친 흙을 일반 흙으로 바꿀 수도 있지.

기본 데이터
- 길이: 약 100cm
- 무게: 1.5~2.5kg
- 재질: 강철, 스테인리스

괭이는 황무지 등 단단한 흙을 고르는 데 사용돼. 일반적으로 긴 자루 막대에 쇠로 만든 'ㄱ'자 모양으로 구부러진 날을 꽂아 만들어. 날의 모양에 따라 가짓잎괭이, 삽괭이, 수숫잎괭이 등으로 나뉘지.

재질에 따른 차이

재질	공격력	공격 속도	내구도
나무	1	1	59
돌	2	1	131
철	3	1	250
금	1	1	32
다이아몬드	4	1	1561
네더라이트	4	1	2031

마인크래프트에서 엄청나게 큰 밭을 일굴 계획이 아니라면 나무괭이나 돌괭이만으로도 충분해. 철이나 다이아몬드처럼 귀한 재료는 괭이가 아닌 다른 도구나 장비를 만들 때 사용하는 것이 좋아.

지식+ 괭이와 지렛대 원리

괭이의 날을 땅에 힘껏 박아 넣은 후, 자루를 움직이면 단단한 흙을 파낼 수 있어. 여기에 쓰이는 게 바로 지렛대 원리야. 자루가 힘점이고, 괭이 머리가 작용점, 땅과 맞닿는 부분이 받침점이 돼. 사진은 포크처럼 세 개의 날을 가진 세발괭이야.

삽

땅을 파고 흙을 뜰 때 사용하는 도구야. 농사, 토목, 건설 등은 물론 가정에서도 땅을 팔 때 많이 사용하지.

마인크래프트에서 흙, 모래, 점토, 자갈, 눈 등을 채집할 때 주로 쓰여. 흙이나 모래는 삽 없이 맨손으로도 팔 수 있지만, 삽을 이용하면 빠른 속도로 팔 수 있지.

나무로 된 자루 끝에 금속으로 만든 넓은 철판이 달려 있어. 철판의 끝을 세워서 땅을 팔 수도 있고, 넓적한 철판 위에 흙이나 거름 등을 담아 옮기는 데 쓸 수 있지. 형태나 쓰임에 따라 사용하는 삽의 종류가 달라지는데, 마인크래프트에서는 큰 삽을 사용해.

기본 데이터
- 길이: 95~100cm
- 무게: 1~2kg
- 재질: 강철, 스테인리스, 알루미늄

재질에 따른 차이

재질	공격력	공격 속도	내구도
나무	2.5	1	59
돌	3.5	1	131
철	4.5	1	250
금	2.5	1	32
다이아몬드	5.5	1	1561
네더라이트	6.5	1	2031

마인크래프트에서 삽은 크게 쓸 일이 없기 때문에 돌삽만으로도 충분해. 하지만 넓은 규모의 땅을 파야 할 때는 다이아몬드 삽을 쓰면 좋아. 거기에 마법까지 부여하면 엄청난 속도로 흙을 파낼 수 있어.

지식+ 용도에 따른 삽의 종류

작은 식물을 심거나 파낼 때에는 크기가 작은 모종삽을 써. 삽날이 긴 네모꼴인 각삽은 석탄이나 모래를 퍼 담는 데 쓰이지. 군인들이 주로 쓰는 야전 삽은 휴대성이 좋은데, 삽날을 기역자 모양으로 꺾어 곡괭이처럼 사용할 수도 있어.

제 8 장 편리한 도구

도끼

나무를 베거나 쪼개는 데 사용하는 도구야. 옛날에는 무기로 쓰였어.

마인크래프트에서 도끼는 나무를 채취하거나 근접 공격 무기로 쓰여. 검보다 큰 피해를 입힐 수 있지만, 공격 속도가 느려. 또 도끼로 방패를 공격하면 5초 동안 방패를 사용할 수 없어.

도끼

도끼는 무려 석기 시대부터 쓰였어. 처음에는 돌로 만들어졌지만, 시간이 지나면서 청동, 철, 강철 등으로 바뀌었지. 용도 역시 처음에는 동물을 잡는 사냥 도구로 쓰였지만 점차 전투에 필요한 무기로 발전했어. 현재는 무기로는 쓰이지 않고, 생활용품으로 쓰이지.

기본 데이터
- 길이: 70~90cm
- 무게: 1.5~4kg
- 재질: 강철, 스테인리스

재질에 따른 차이

재질	공격력	공격 속도	내구도
나무	7	0.8	59
돌	7	0.8	131
철	9	0.9	250
금	9	1	32
다이아몬드	9	1	1561
네더라이트	10	1	2031

마인크래프트에서 원목은 이곳저곳 쓰이는 곳이 많은 재료야. 그래서 원목을 빠르게 채집할 수 있도록 도끼를 업그레이드해 두면 좋아. 효율 마법까지 부여하면 더 빨리 벨 수 있지.

용도에 따른 도끼의 종류

긴 손잡이와 무거운 도끼머리가 특징인 벌목용 도끼는 나무를 자를 때 사용해. 짧고 무거운 도끼머리의 장작 패기용 도끼는 나무를 쪼갤 때 사용되지. 캠핑용으로 쓰이는 손도끼는 무게가 가볍고 자루가 짧아서 한 손으로 다루기 쉬워.

가위

두 개의 날을 교차시켜서 옷감이나 종이, 머리카락 등을 자르는 도구야. 마인크래프트에서 가위는 주로 양털을 자르는 데 쓰여.

마인크래프트에서 가위는 양털 말고도 거미줄, 나뭇잎, 해초 등을 얻는 데도 쓰이지. 호박에 가위를 사용하면 조각된 호박으로 변해.

그리스식 가위

우리가 일반적으로 아는 가위 말고도 다양한 형태의 가위가 있어. 마인크래프트에서 볼 수 있는 U자 모양의 가위는 그리스식 가위야. 쪽가위처럼 생겼는데, 크기가 크지. 먼 옛날 그리스에서 양털을 깎기 위해 만들어졌어.

기본 데이터
- 길이: 약 10cm
- 무게: 약 30g
- 재질: 철, 강철

지식+ 가위도 지렛대 원리

우리가 자주 쓰는 가위도 지렛대 원리를 이용해 만든 도구야. 가위의 가운데에 있는 나사 부분이 받침점, 손잡이 부분이 힘점, 날 부분이 작용점이지. 그렇기 때문에 자를 물건을 받침점에 가깝게 놓을수록 자르기 쉬워져.

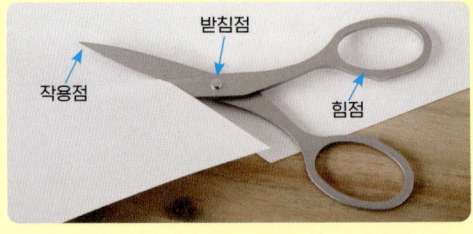

쪽가위

그리스식 가위와 같은 U자 모양을 하고 있어. 재봉 등 섬세한 작업을 할 때 쓰이지. 실을 자르는 데 쓰여서 '실가위'라고도 해.

양동이

물을 담아서 한 손으로 들고 다닐 수 있는 손잡이가 달린 커다란 용기를 말해.

마인크래프트에서 소에게 빈 양동이를 사용하면 우유를 얻을 수 있어. 우유가 든 양동이는 마시거나 케이크와 같은 아이템을 제작할 때 사용해. 또 양동이를 사용하면 물에 사는 몹을 잡을 수 있어.

양동이

양동이는 물을 옮기는 것은 물론, 다양한 도구나 물건을 넣어 놓을 수 있는 편리한 도구야. 마인크래프트에서 양동이는 철 주괴로 만드는데, 실제로는 플라스틱으로 만든 양동이도 많이 쓰여.

기본 데이터
- 길이: 25~30cm
- 무게: 280~400g
- 재질: 양철, 플라스틱 등

연료를 옮기기 위한 양동이

마인크래프트에서는 양동이를 사용해서 용암을 얻을 수 있어. 용암 양동이는 화로에 넣어 연료로 사용할 수 있는데, 게임에 등장하는 연료 중 가장 지속 시간이 길어서 매우 효율이 좋은 연료지. 현실에서는 용암을 옮기지는 못하지만 석탄을 옮기는 데 양동이가 쓰이기도 해.

제8장 편리한 도구

부싯돌과 부시

성냥과 라이터가 발명되기 전까지 쓰였던 불을 붙이는 도구야. 부싯돌에 부시를 맞부딪치면 불을 일으킬 수 있지.

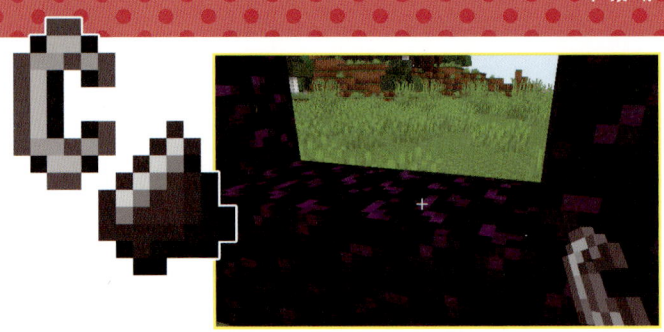

마인크래프트에서 부싯돌과 부시는 TNT를 점화하거나 네더 차원문을 활성화하는 데 쓰이지. 한 번 쓸 때마다 내구도가 소모되며, 65번 사용할 수 있어.

부싯돌

석기 시대에는 돌과 돌을 서로 부딪쳐서 불을 일으켰는데, 철기 시대 이후에는 부시라고 불리는 금속을 사용하게 되었어. 부싯돌로는 주로 단단한 석영이 쓰이지. 마인크래프트에서는 자갈을 캘 때 일정 확률로 부싯돌을 얻을 수 있어.

기본 데이터
- 길이: 10~13cm
- 무게: 70~100g
- 재질: 돌

부시

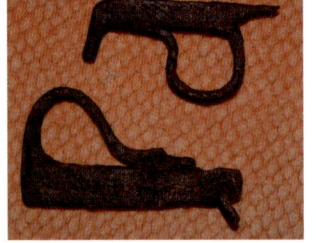

기본 데이터
- 길이: 9~10cm
- 무게: 60~80g
- 재질: 강철

부시는 부싯돌을 쳐서 불이 일어나게 하는 쇳조각이야. 마인크래프트에서는 철 주괴와 부싯돌을 조합하면 부싯돌과 부시가 되지.

지식+ 라이터에 부싯돌이?

라이터로 불을 붙일 때에도 부싯돌이 쓰인다는 사실, 알고 있어? 라이터를 켤 때 작은 톱니바퀴를 돌리는데, 이때 부싯돌과 마찰되면서 불꽃이 일어나는 원리야.

검

마인크래프트에서 몹이나 플레이어를 공격하기 위한 근접용 무기야. 또한 거미줄이나 대나무를 채집할 때도 쓰이지.

장검

장검은 무기로 쓰는 긴 칼로, 칼날이 양쪽에 있어. 고대 시대부터 무기로 사용되어 온 검은 베고 찌르고 자르는 모든 공격을 할 수 있지. 날의 길이가 짧은 것은 단검이라고 해.

마인크래프트에서 도끼가 검보다 더 큰 피해를 입힐 수 있지만 공격 속도는 검이 더 빨라서 연속으로 벨 때는 검이 유리해. 또한 휩쓸기 마법을 부여하면 주변에 있는 몹까지 피해를 입힐 수 있어서 효과적이지.

기본 데이터
- 길이: 80~90cm
- 무게: 1~2kg
- 재질: 강철

조선 시대 환도

날이 한쪽에만 있는 것을 '도'라고 해. 조선 시대에 군인들이 차던 환도의 칼집에는 허리에 매는 데 쓰는 고리인 띠돈이 있어. 이 띠돈에 칼집을 걸어 칼자루가 뒤로 가게 차지.

마법 부여로 강력한 검을 만들자

검에 마법을 부여하면 검을 더 강화시킬 수 있어. '날카로움'을 부여하면 공격력이 올라가고, '살충'은 벌레 몹에게 추가 피해를 입혀. 또한 '발화'는 상대방을 불태우지.

제 8 장 편리한 도구

편리한 도구
멀리서도 맞힐 수 있어!

활

활은 화살을 쏘아 멀리 있는 대상을 공격하는 원거리 무기야. 석기 시대부터 짐승을 잡을 때 쓰였어.

활을 쏘면 멀리서도 공격할 수 있어. 특히 스켈레톤이나 크리퍼처럼 원거리 공격을 하는 몹을 제거할 때 유용하지. 하지만 순간 이동을 하는 엔더맨에게는 통하지 않아.

활

나무나 쇠를 반달 모양으로 휘어서 그 두 끝에다 실을 팽팽히 매어 그 탄성을 이용해 화살을 날리는 무기야. 총이 발명되면서 무기나 사냥 도구로는 더 이상 이용되지 않고, 현재는 스포츠 종목인 양궁에서 주로 쓰여.

기본 데이터
- 길이: 90~120cm
- 무게: 0.7~1.8kg
- 재질: 나무, 카본

슝~ 화살을 날리자!

화살은 가는 대로 줄기를 삼고, 아래 끝에는 쇠로 만든 촉을 달고, 위쪽에는 새의 깃털을 붙인 것을 말해. 마인크래프트에서는 부싯돌과 막대기, 깃털을 조합해서 화살을 만들거나 스켈레톤을 죽여서 얻을 수 있지.

제 8 장 편리한 도구

쇠뇌

활의 일종이지만, 활보다 더 멀리 쏠 수 있고, 강한 관통력을 가진 강력한 무기야.

마인크래프트의 약탈자를 쓰러뜨리면 쇠뇌를 얻을 수 있는데, 쇠뇌는 활보다 화살을 장전하는 시간이 좀 더 걸려. 쇠뇌에 다중 발사 마법을 부여하면 한 번에 화살을 세 개나 쏠 수 있어.

쇠뇌

쇠로 된 발사 장치가 달린 활이야. 사람의 힘으로 직접 당기는 활과는 달리, 방아쇠를 당기면 발사할 수 있어. 강한 힘이 필요 없고, 간단한 훈련으로도 익힐 수 있지. 또한 연달아서 여러 발을 발사할 수 있는 효과적인 무기야.

기본 데이터
- 길이: 70~90cm
- 무게: 2~2.5kg
- 재질: 나무, 수지

갑옷

전투에서는 공격을 위한 무기도 중요하지만, 방어를 위한 갑옷도 무척 중요해.

투구

기본 데이터
- 전체 길이: 170~180cm
- 전체 무게: 30~40kg
- 재질: 금속

'헬멧'이라고도 불러. 전투 때 적에게 공격 당하기 쉬운 머리를 보호하기 위해 쓰지. 보호의 목적 말고도 자신의 존재를 과시 하기 위해 화려한 장식을 달기도 했어.

흉갑

윗몸을 보호하는 갑옷 이야. 가슴과 배를 감 싸 적의 공격으로부터 장기를 보호하기 위해 입지. 모양과 소재가 아주 다양해.

각반

하체에 입는 갑옷으로, 다리를 보호하는 장비야. '레깅스' 라고도 해. 마인크래프트에 서는 바지처럼 하반신 전체를 감싸는 형태야.

부츠

발을 보호하는 장비야. 현 대에는 주로 패션 아이템으로 이용되지만, 전장에서는 군화로 이용되었어. 마인크 래프트의 부츠는 발목까지 올라오는 길이야.

제8장 편리한 도구

제작대

마인크래프트 세계에서 결코 없어서는 안 되는 것 중 하나가 바로 제작대야. 현실 세계에서는 보통 '작업대'라고 불러.

마인크래프트의 아이템 대부분은 제작대에서 만들 수 있어. 도구나 장비는 물론, 버섯 스튜나 케이크 같은 요리도 제작대에서 만들어. 그야말로 만능 작업대라고 할 수 있지.

작업대

작업대는 일을 하기에 편리하도록 만들어 놓은 탁자를 말해. 어떤 작업을 하는지에 따라 형태가 다양하지. 망치나 톱처럼 자주 쓰는 공구를 보관하는 서랍이나 선반이 달려 있기도 해.

기본 데이터

- 가로 길이: 100~210cm
- 세로 길이: 75~120cm
- 높이: 약 60cm
- 무게: 15~40kg

제작대 만들기

아마 마인크래프트 게임을 시작해서 가장 먼저 배우는 제작법일 거야. 나무 판자 네 개만 배치하면 제작대를 만들 수 있어. 참 쉽지?

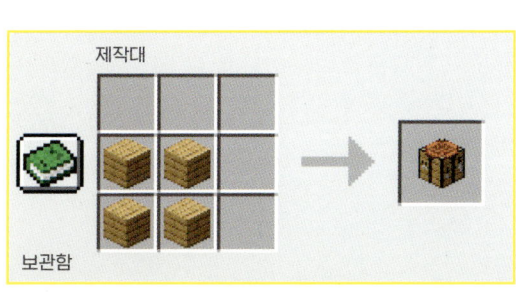

제 8 장 편리한 도구

화로

마인크래프트에서 화로는 석탄 혹은 숯을 이용하여 광석을 제련하거나 날고기 등을 익히는 데 쓰여.

마인크래프트에서 훈연기는 광석 제련에는 쓸 수 없고, 음식을 익히는 데에만 쓰여. 화로보다 두 배 더 빠른 속도로 고기를 익혀 주지. 대신 연료도 두 배 빠르게 소모돼.

화로

화덕은 둥근 돔 형태의 화로에 불을 피운 다음, 그 안에 재료를 넣어 내부의 열로 익히는 장치야. 불에 잘 견디는 벽돌이나 콘크리트, 점토 등으로 만들지. 전통적인 화덕은 석탄이나 장작을 사용했지만, 현대에는 가스나 전기를 쓰는 화덕도 있어.

기본 데이터
- 가로 길이: 82~93cm
- 세로 길이: 80~96cm
- 높이: 58~60cm
- 무게: 330~390kg

맛 좋은 화덕 피자

피자를 고온의 화덕에서 구우면 얇은 반죽이 바삭하게 익어 아주 맛있어. 이탈리아 남부 나폴리 지역에서 생산되는 나폴리 피자는 반드시 장작 화덕으로만 구워야 해. 2017년 유네스코 인류무형 문화유산으로 등재되었어.

베틀

베틀은 실을 이용하여 옷감을 짜는 기계를 말해. 오늘날의 직조기와 원리가 비슷하지.

마인크래프트에서 베틀은 천을 만드는 도구가 아니라, 이미 만들어진 현수막에 도안을 적용하는 도구야. 다양하게 조합하여 원하는 색과 무늬를 자유롭게 만들 수 있어.

베틀

실을 뽑아서 옷감을 만드는 일은 선사 시대부터 시작되었어. 베틀은 아주 오랜 옛날 청동기 시대에 등장했는데, 베틀의 발명으로 더 많은 옷감을 더 빠르게 짤 수 있게 되었지. 삼베, 무명, 명주 등을 만들 수 있어.

기본 데이터
- 가로 길이: 70~100cm
- 세로 길이: 60~75cm
- 높이: 99~110cm
- 무게: 15~16kg

베틀의 실제 사용법

가로로 짠 실은 씨실, 세로로 짠 실은 날실이라고 불러. 베틀은 세로로 가지런히 놓인 날실 사이를 씨실을 감은 북이 오가면서 서로 교차시켜 천을 짜는 방식이지. 나라나 지역에 따라 직물을 짜는 방식이 다양해.

제 8 장 편리한 도구

편리한 도구
달궈서 두드리자

검이 망가졌어.

어서 수리해야겠어.

모루로 그게 가능해?

내 손을 거치면 한 방에 해결이지!

음하핫!

그럼 이것도 부탁할게.

마, 맡겨만 달라고…….

수북

아직 더 있어.

좀 많은데?

모루

모루는 대장간에서 가열해서 부드러워진 금속을 올려놓고 망치로 두드려 가공할 때 받침으로 쓰는 쇳덩이를 말해.

마인크래프트에서 모루는 마법이 부여된 책에 있던 마법을 장비에 적용할 때 쓰여. 또 내구도가 떨어진 아이템을 수리하거나 아이템의 이름을 변경할 때도 쓸 수 있어.

모루는 충격과 고온에 강한 소재로 만들어. 마인크래프트 속 모루는 네모난 모양이지만, 보통 모루는 한쪽이 뿔처럼 뾰족하게 튀어나와 있지. 금속을 둥글게 구부리는 데 사용해.

기본 데이터
- 가로 길이: 90~130cm
- 세로 길이: 35~50cm
- 높이: 약 60cm
- 무게: 1.5~100kg

모루에 금이 갔다면?

마인크래프트의 모루는 쓰면 쓸수록 닳는 소모성 아이템이야. 처음에는 모루에 금이 가고 그다음에는 손상되며 결국 파괴되지. 모루는 수리할 수 없어서 망가지면 다시 만드는 수밖에 없어. 모루는 제작대에서 철 블록 세 개와 철 주괴 네 개를 조합하면 만들 수 있어.

제8장 편리한 도구

지도 제작대

마인크래프트의 지도 제작대는 이름과 달리, 지도는 만들 수 없어. 제작대에서 만든 지도를 지도 제작대에서 확장하거나 복사할 수 있지.

마인크래프트에서 지도 제작대는 마을 지도 제작자의 집 안에 자연적으로 생성돼. 지도 제작대로 지도를 확장하거나 복사 확대할 수 있어. 또 유리판을 사용해 지도를 고정할 수도 있지.

제도판

건축물이나 구조물의 도면을 그리는 것을 '제도'라고 하고, 그 도면을 올려놓는 판을 '제도판'이라고 해. 제도판은 커다란 도면을 잘 펼쳐 둘 수 있도록 종이를 올리는 판 부분이 넓고, 종이를 고정시키는 장치가 있는 경우도 있어.

기본 데이터
- 가로 길이: 70~87cm
- 세로 길이: 58~65cm
- 높이: 73~78cm
- 무게: 9~11kg

멋진 인테리어 지도 제작대

지도 제작대는 나무판자 네 개와 종이 두 장을 조합해서 만들 수 있어. 어떤 목재로 만들어도 짙은 갈색으로 완성되지. 차분한 분위기로 방을 꾸미고 싶을 때 지도 제작대를 배치하면 좋아.

주크박스

마인크래프트 세계에도 음악을 들을 수 있다는 사실, 알고 있니? 음반을 연주하는 주크박스를 사용하면 돼.

마인크래프트에서 크리퍼가 스켈레톤의 화살을 맞고 죽을 때 떨어뜨리거나 전리품 상자를 통해 음반을 얻을 수 있어. 이 음반을 주크박스에 사용하면 음악을 들을 수 있지. 편안한 집을 꾸밀 때 있으면 좋겠지?

레코드플레이어

마인크래프트에서는 주크박스에 음반을 한 장씩 넣어 가면서 음악을 들어야 하는데, 현실의 레코드플레이어와 비슷해. 레코드플레이어는 레코드판에 미세하게 파인 홈을 따라 바늘을 사용해서 소리로 재생시키는 기기야.

기본 데이터
- 가로 길이: 약 45cm
- 세로 길이: 약 35cm
- 높이: 약 15cm
- 무게: 8~10kg

주크박스

'주크박스'라는 단어가 낯선 친구도 많을 거야. 주크박스는 1970년대까지 음식점이나 호텔 등의 상업 시설에서 종종 볼 수 있던 자동 레코드플레이어야. 동전을 넣고 단추를 눌러 곡을 지정하면 음악이 나오지.

제 8 장 편리한 도구

레드스톤

레드스톤은 마인크래프트 세계에만 있는 특별한 광석이야. 이 광석을 부수어 얻은 레드스톤 가루로 레드스톤 회로를 짜서 다양한 장치를 만들 수 있지.

레드스톤은 마인크래프트에서 전자 장치를 만드는 데 사용되는 핵심 요소야. 레드스톤 회로를 연결시켜 자동문을 만들거나 농작물 자동 수확기 등을 만들 수 있어.

구리 선

전기가 잘 통하는 구리로 만든 전선이야. 마인크래프트 세계에서는 레드스톤 가루를 뿌려 연결하면, 전선이나 코드와 같은 역할을 하지. 하지만 +극과 -극의 구분이 없어.

기본 데이터
- 바깥지름: 0.4~1mm
- 마감: 에나멜
- 용도: 모터 코일

지식+ 레드스톤의 모델이 호박이라고?

호박은 나무에서 나온 송진이 오랜 기간 땅속에 묻혀 단단하게 굳은 광물이야. 아름다운 광택이 나서 보석으로 쓰였지. 고대 그리스의 철학자 탈레스는 마른 천으로 호박을 닦자, 표면에 먼지가 달라붙는다는 사실을 발견했어. 이것이 정전기와 관련된 최초의 기록이지. 이 호박을 모델로 레드스톤이 만들어진 것인지도 몰라.

레드스톤 중계기

중계기는 약해진 신호를 받아 증폭시켜 재송신해 주는 도구야.

마인크래프트에서는 레드스톤 중계기로 레드스톤 신호를 증폭시키거나 지연시킬 수 있어. 또 역류를 방지하고, 신호를 한 가지 상태로 고정할 수도 있지.

레드스톤은 전기 신호를 최대 15블록 떨어진 곳까지밖에 보낼 수 없기 때문에 전기 신호를 증폭시켜 주는 레드스톤 중계기가 필요하지.

액티브 리피터

컴퓨터와 주변 기기를 연결하기 위한 규격인 USB는 제품 규격을 넘어서면 신호 강도가 약해져. 액티브 리피터는 이렇게 약해진 신호를 증폭시켜서 신호가 닿는 범위를 넓혀 주는 케이블을 말해.

와이파이 중계기

와이파이는 선 없이 인터넷을 연결하는 기술이야. 와이파이 중계기는 거리가 멀어질수록 약해지는 와이파이 신호를 증폭시켜 주는 장치야.

레드스톤 비교기

비교기는 두 개의 전류를 비교해 어느 쪽 전류가 더 센지 파악하여 전력을 바꿔 주는 장치를 말해.

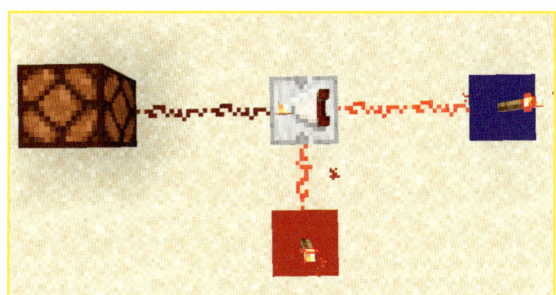

레드스톤 비교기는 두 개의 동력을 비교해서 신호가 강한 쪽의 신호를 전달하는 거야. 위의 그림에서 빨간색 신호가 파란색 신호보다 강도가 세기 때문에 파란색 신호는 전달되지 않지.

트랜지스터

기본 데이터
- 가로 길이: 7~8mm
- 세로 길이: 6~7mm
- 높이: 0.6~1cm
- 무게: 6~10g

전류나 전압 흐름을 조절하여 증폭하거나 스위치 역할을 하는 반도체 소자를 말해. 스마트폰이나 컴퓨터 등 여러 전자 기기에 활용되고 있어. 마인크래프트에서는 레드스톤 비교기가 비슷한 역할을 해.

지식+ 멀어질수록 약해지는 신호의 강도

레드스톤 회로는 최대 15블록까지 신호를 보낼 수 있어. 회로의 첫 번째 신호가 15라면, 한 칸씩 멀어질 때마다 강도가 줄어서 15번째 블록은 1이 되고, 16번째 블록은 0이 되는 것이지.

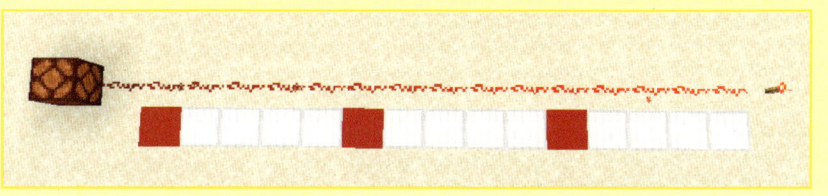

제8장 편리한 도구

햇빛 감지기

햇빛에 따라 레드스톤 전력을 생산하는 데 사용돼. 현실의 태양 전지판과 같은 역할이지.

마인크래프트에서 햇빛 감지기는 햇빛의 강도에 따라 내보내는 레드스톤 전력의 세기가 달라져. 맑은 날에는 전력의 세기가 세지지.

광센서

광센서는 빛을 감지하고 이를 전기 신호로 바꾸어 주는 장치야. 빛의 세기에 따라 전기 신호의 강도를 바꿀 수도 있지. 주위가 어두워지면 자동으로 켜지는 자동 조명도 광센서를 이용한 거야.

기본 데이터
- 가로 길이: 약 8.2mm
- 세로 길이: 약 12mm
- 높이: 약 23.4g
- 무게: 150mA

스마트폰 화면 밝기 자동 조절

스마트폰에는 주변 환경의 밝기에 따라 화면의 밝기를 자동으로 조절하는 기능이 있어. 이 역시 광센서를 이용한 기능이지.

밤이 되면 켜지는 가로등

반전된 햇빛 감지기를 이용하면 어두울 때 불이 켜지는 가로등을 만들 수 있지. 레드스톤 조명 위에 반전된 햇빛 감지기를 올려놓으면 완성! 아주 간단하지?

제8장 편리한 도구

관측기

마인크래프트에서 인접해 있는 블록의 변화를 감지하는 장치야.

관측기는 얼굴 방향에 있는 블록을 관찰해. 움직임이 포착되면 신호를 내보내지. 이를 이용해 농작물이 자라면 자동으로 수확해 주는 기계를 만들 수 있어.

근접 센서

직접 접촉하지 않고도 주변 물체의 존재를 감지할 수 있는 장치를 말해. 전자기장이나 적외선 같은 전자기파를 방출하여 움직임이나 변화를 감지하지.

기본 데이터
- 지름: 약 15mm
- 길이: 약 10mm
- 무게: 약 5g

사탕수수 자동 수확 기계 만들기

마인크래프트에서 사탕수수는 세 블록 높이까지 자라. 이때 사탕수수 옆에 관측기를 세워 놓으면 사탕수수의 성장을 감지해.

관측기가 사탕수수의 성장을 감지하면, 신호를 내보내고 피스톤이 작동해. 이렇게 사탕수수를 자동으로 수확하는 기계를 만들 수 있지.

스컬크 감지체

진동을 감지해서 레드스톤 신호를 내보내는 블록이야. 걸을 때나 블록을 설치하고 부술 때 등과 같은 움직임으로 진동을 감지해.

몸의 침입을 감지

깊은 어둠 생물 군계의 고대 도시에서 생성돼. 플레이어가 접근하면 진동을 감지해서 레드스톤 신호를 보내. 진동이 가까울수록 강한 신호를 내보내.

스컬크 감지체는 여덟 블록 이내의 진동을 감지해. 그래서 여덟 블록 이내에 침입자가 생기면 특정 동작을 하게끔 만들 수 있어. 게임이 업데이트되면서 조율한 스컬크 감지체도 만들 수 있는데, 16블록까지 감지할 수 있어.

감지 센서

감지 센서는 마인크래프트의 스컬크 감지체와 기능이 비슷한 장치야. 감지 센서 역시 진동을 감지하는 센서로, 주로 지진이 일어났을 때 안전장치로 이용되지.

기본 데이터
- 가로 길이: 약 11mm
- 세로 길이: 약 10mm
- 전원 전압: 2.1~5.5V

지식+ 기울기를 감지하는 자이로 센서

자이로 센서는 기울기를 측정하는 장치야. 주로 드론에 사용되는데, 드론의 중심을 잡아 주는 역할을 하지. 드론이 과도하게 기울면 기계를 수평으로 유지하도록 자이로 센서가 모터에 신호를 보내.

제8장 편리한 도구

사진 출처

26쪽
제주 중문·대포 해안 주상 절리대: KOREA.NET, CC BY-SA 2.0

27쪽
백두산: Bdpmax, CC BY-SA 3.0
한라산: 퍼블릭 도메인

66쪽
수레바퀴: Shutterstock

81쪽
진달래: Shutterstock

108쪽
경상북도 영양군 자작나무 숲: Shutterstock

117쪽
속리산 정이품송: WBjw, CC BY-SA 3.0

137쪽
흑염소: Shutterstock

138쪽
멧토끼: 국립생물자원관(김현태)

171쪽
조선 시대 환도: Shutterstock

※ 누락된 사진 출처가 있다면 추후 보완하겠습니다.